Diana Bayer

Wut im Bauch

Diana Bayer

Wut im Bauch

Das Leben und Leiden einer Familie im DDR-Regime

Bibliografische Information der Deutschen Nationalbibliothek:
Die Deutsche Nationalbibliothek verzeichnet diese Publikation in der Deutschen National-bibliografie
Detaillierte bibliografische Daten sind im Internet über dnb.d-nb.de abrufbar.

TWENTYSIX – Der Self-Publishing Verlag
Eine Kooperation der Verlagsgruppe Random House und BoD – Books on Demand

Herstellung und Verlag:
BoD – Books on Demand, Norderstedt

© 2020 Bayer, Diana

bayer1976d@gmx.de

ISBN: 9783740767280

Inhalt:

	Prolog	7
Kapitel 1:	Vater Geburt, Kindheit, frühe Jugend, junger Erwachsener	9
Kapitel 2:	Vater Haft, Fluchtversuch, STASI-Repressalien	16
Kapitel 3:	Vater Übersiedlung BRD, Tod, Rehabilitierung	32
Kapitel 4:	Die vergessenen Söhne	43
Kapitel 5:	Tochter Elsa	56
Kapitel 6:	Zwangsadoption, Säuglingstod und Zwillingstrennung in der DDR	64
Kapitel 7:	Tochter Diana	69
Kapitel 8:	Persönliche Worte an die Belasteten	89
Kapitel 9:	Persönliche Worte an die Ausführenden des DDR-Regimes	92
	Nachwort	97
	Bücherempfehlung, Hilfreiche Webseiten	101

Prolog

Als ich noch ein Kind war, befand sich mein leiblicher Vater Bernd ganz tief unten vergraben in meinem Bewusstsein. Ich wusste nur von ihm, dass er und meine Mutter sich getrennt hatten, als ich noch ganz klein war. Warum er nicht da war, wusste ich nicht. Und ich wusste auch sonst kaum etwas über ihn. Mein älterer Halbbruder Kai, der leider keine dreißig Jahre alt wurde, erzählte mir ein bisschen was von meinem Vater, als wir uns nach der Wende im Erwachsenenalter einmal trafen. Kai hatte meinen Vater kennengelernt und über ihn gesagt, dass er ein guter Mann war – ein bisschen ein Ersatzpapa für Kai, der seinen leider nie kennenlernte.

Nach Kai´s Erzählungen war mein Vater noch mit meiner Mutter zusammen, als ich noch ein Baby war. Er war bei unserer Mutter, Kai und mir. Kai erzählte, dass mein Vater sehr um mich bemüht war, die Decke des Kinderwagens richtete, damit ich auch schön zugedeckt war. Was für ein anrührendes Bild musste dies gewesen sein, als der fast zwei Meter große Mann mit den großen Händen an der kleinen Babydecke zog und zupfte....

Mein Vater war ein gut aussehender Mann. Er war sehr groß, hatte dunkle Haare und einen Schnauzbart und einen lebhaften feurigen intensiven Blick. Es gibt ein Foto von ihm in einer coolen Lederjacke, wo er in die Kamera lächelt – sehr ausdrucksstark. Was für ein schönes Bild. So möchte ich meinen Vater, von dem ich äußerlich und innerlich so viel habe, sehen – so positiv und offen in die Welt blickend.

Doch leider hat ihm das Leben im DDR-Regime sein Lächeln genommen und nicht nur das.

Und darum geht es in diesem Buch. Es ist die wahre Geschichte nicht nur meines Vaters, sondern auch die Geschichte über das damit verbundene Schicksal meiner Geschwister und auch meines, das mit dem Leiden unseres Vaters zusammenhängt. Auch wir Kinder tragen die Auswirkungen der Repressalien mit – bis heute.

Ich widme dieses Buch meinem Bruder Kai, der mein einziges Babyfoto und ein Foto meines Vaters aufbewahrt und mir übergeben hat. Ich widme das Buch auch meinen Brüdern Ronny und Hans Joachim, die ich leider auch nicht kennenlernen konnte und die auch unter dem Schicksal unseres Vaters gelitten haben.

Ebenso widme ich das Buch meiner Schwester Elsa, die mir ihre mühsam recherchierten und zusammengetragenen Unterlagen über das Leben unseres Vaters überlassen hat und mir somit die Möglichkeit gegeben hat, den Werdegang unseres Vaters zu erfahren und dieses Buch zu schreiben. Ich ziehe meinen Hut vor ihr für ihre Hartnäckigkeit, ihr Durchhaltevermögen, mit dem sie das Leben unseres Vaters, aber auch ihr eigenes nachvollzogen hat trotz aller Widerstände und Unwägbarkeiten! Ich bin ihr auf ewig dankbar dafür.

Ich danke all den lieben Menschen, die mir Fotos von meiner leiblichen Familie gegeben haben, so bekommt sie ein Gesicht.

Ich widme dieses Buch allen Kindern meines Vaters, die er nicht aufwachsen sehen durfte und die ihn nicht erleben konnten. Ihr seid ein fester Teil dieser Familie und willkommen und wertvolle Menschen.

Und nicht zuletzt widme ich das Buch allen durch das DDR-Regime und die Stasi-Machenschaften Belasteten und deren Kinder und Angehörigen, die genauso unter der Unmenschlichkeit und Willkür des Systems litten wie mein Vater und wir Kinder und vermutlich bis heute leiden.

Ich verwende bewusst nicht den Begriff „Opfer", da man nach meinem Empfinden ein Opfer ist, wenn man in diese Rolle gedrängt wurde und da verharrt. Vielmehr möchte ich dazu aufrufen und ermuntern, diese Position zu verlassen – ganz souverän und ganz bewusst. Für mich sind die „Opfer" Helden und ich empfinde tiefes Mitgefühl und Anteilnahme mit ihnen.

Es fiel mir nicht leicht, diese Geschichte aufzuschreiben. Es war ein sehr schmerzhafter Weg, denn das, was passiert ist, war und ist sehr schwer auszuhalten.

Doch ich musste dies tun – für mich, um mein Kindheitstrauma ein Stück weit aufarbeiten zu können und hinter mir lassen zu können und für all die Menschen, die auch von dem System belastet wurden. Ihnen möchte ich mich widmen und sie würdigen. Die Aufarbeitung der Übergriffe des DDR-Regimes gegenüber so vielen Menschen steht auch 30 Jahre nach dem Mauerfall noch am Anfang.

Diese Geschichte ist eine von vielen in der DDR und beruht auf realen Begebenheiten.

Diana Bayer

Kapitel 1

Vater – Geburt, Kindheit, frühe Jugend, junger Erwachsener

Mein Vater wurde im Juni 1944 in Buchholz (heutiges Annaberg-Buchholz) als jüngstes von vier Kindern geboren. Er hatte noch zwei ältere Schwestern und einen älteren Bruder.

Annaberg-Buchholz ist eine Große Kreisstadt im Erzgebirgskreis in Sachsen. Sie ist die zweitgrößte Stadt des Landkreises. Neben vielen anderen schönen und sehenswerten Dingen ist sie bekannt für die imposante St.-Annenkirche, deren Stil zwischen Spätgotik und Renaissance* zu finden ist. Sie ist die größte reine Hallenkirche in Sachen, ist 65 Meter lang und 40 Meter breit. Sie ist beeindruckend und respekteinflößend und hat einen wunderbaren Glockenklang, der weit hin zu hören ist.

Mit diesem Klang in den Ohren ist mein Vater aufgewachsen und auch meine Kindheit hat es zeitweise geprägt, da ich ebenfalls in Annaberg-Buchholz geboren bin und bis zum dritten Lebensjahr da gelebt habe. Wenn ich heute Glockengeläut einer Kirche höre, ist dies ein vertrautes Geräusch.

Annaberg-Buchholz Große Kirchgasse mit St. Annenkirche

(*Quelle: Wikipedia)

Blick auf die St. Annenkirche im Winter

Der Vater meines Vaters war Bergmann und seine Mutter Hausfrau und verdiente mit Putzen etwas dazu, bodenständige Menschen in einer sehr schwierigen Zeit. Es sollte noch ein knappes Jahr dauern, bis der zweite Weltkrieg zu Ende ging. Wie schwer musste es gewesen sein, vier Kinder in der von Entbehrungen und Knappheit und Trauer geprägten Nachkriegszeit durchzubringen und aufzuziehen. Ich kann es nur erahnen. Im Januar 1948 ließen sich meine Großeltern scheiden. Und noch im selben Jahr schlug das Schicksal zu. Mein Großvater hatte im September 1948 einen tödlichen Unfall im Bergbau. Da war der Großvater gerade mal 38 Jahre alt und mein Vater Bernd 4. Dies ist kein gutes Alter, um Halbwaise zu werden.

Bernd war noch zu klein, um detaillierte Erinnerungen an seinen Vater zu haben und so lebte er sein ganzes Leben lang mit der Vatersehnsucht, die nicht gestillt werden konnte. Diese Vatersehnsucht teile ich mit meinem Vater. Und auch meine Geschwister hatten/haben diese Vatersehnsucht. Der Vaterverlust eint uns alle – unseren Vater, meine Geschwister und mich.

So war meine Großmutter alleinerziehend mit 4 Kindern. Ihr Leben war geprägt von finanzieller Not, Entbehrungen und Alltagssorgen und auch für die Kinder war es sicherlich schwer, so aufzuwachsen. In der Nachkriegszeit brauchten Eltern all ihre Kraft, um den Alltag geregelt zu bekommen und zu schauen, dass Essen auf den Tisch kam. Im zweiten Weltkrieg gab es wohl in jeder Familie mindestens einen Todesfall – Gefallene im Krieg, so dass auch die Trauer und der Verlust das Leben der Menschen prägte. Wie sollte da noch jemand Kraft übrig haben, die Kinder aufzufangen? Die Menschen in Deutschland und der Welt waren traumatisiert von den Auswüchsen des Dritten Reiches und dem Zweiten Weltkrieg. Bis heute wirkt dieses Trauma nach und ist noch längst nicht aufgearbeitet. Ich kann nicht verstehen, wie nach solch schlimmen Jahren mit solch furchtbaren Auswirkungen auf die Menschen – Leid, Tod, Elend, Hunger, Verzweiflung, Verlust, Trauer, Unmenschlichkeit, Gewalt – so bald nach Kriegsende wieder ein totalitäres unmenschliches System wie das der DDR entstehen und sich etablieren konnte. Warum hat man nicht aus der Geschichte gelernt? Wieso gab es Menschen, die dieses System aufrechterhalten haben – 40 Jahre lang? Dies zu analysieren und nachzuvollziehen, bleibt sicher noch für lange Zeit Aufgabe der jetzigen und zukünftigen Generationen.

Diese harte Nachkriegszeit schulte meinen Vater. Ich gehe davon aus, dass hier bereits der Nährboden für seinen stark ausgeprägten Gerechtigkeitssinn war.

Er besuchte von ca. 1950 bis 1958 die Grundschule und schloss mit der achten Klasse ab. Um seine Mutter schnellstmöglich finanziell unterstützen zu können, machte er keine Berufsausbildung, sondern begann gleich zu arbeiten. So arbeitete er von 1958 bis 1961 als Bauhilfsarbeiter und später u.a. in einer Papierfabrik, in einem Gemüselager und anderen Stellen. Bereits in diesen jungen Jahren kam er an die Entfaltungs- und Verdienstgrenzen des sozialistischen Erwerbslebens und war nicht glücklich mit den Arbeitsbedingungen. Es frustrierte ihn, dass er seiner Mutter nicht mehr Geld heimbringen konnte.

1961 ging er als „Industriearbeiter aufs Land", wie eine Initiative in der DDR hieß. Die Initiative wurde 1954 vom Zentralkomitee der SED beschlossen*, um die anfänglich stockende Bildung von landwirtschaftlichen Genossenschaften voranzutreiben. „Der Beschluss sah vor, fachlich qualifizierte und politisch hinter der sozialistischen Partei stehende Industriearbeiter zur Hilfe beim Aufbau des Sozialismus auf dem Lande in die Dörfer zu entsenden."* Der Aufenthalt in Anklam (Mecklenburg-Vorpommern) dauerte zwei Jahre. Bernd war Mitglied der LPG Blesewitz. Auch diese Tätigkeit brachte ihm trotz harter Arbeit und Überstunden nicht den Verdienst ein, den er sich wünschte. Frustriert wie er war, ließ er sich unter dem Einfluss eines Kumpels zu einem Verhalten hinreißen, was nicht seinem eigentlichen Charakter entsprach (Sachbeschädigung, leichte Körperverletzung) und so kam er zum ersten Mal in 1963 mit dem DDR-Gesetz in Konflikt und brachte ihm eine Bewährungsstrafe ein. Ich möchte dies nicht bagatellisieren oder beschönigen, läuft für mich aber unter der Überschrift: „Jugendlicher Leichtsinn und Kurzsichtigkeit". Mein Vater war 19 Jahre alt und sicherlich – wie die meisten 19-Jährigen – leichter zu beeinflussen als im späteren Alter. Aus den Akten geht hervor, dass er den Vorfall bedauert hat.

1963 begegnete er der Mutter von seinem Sohn Hans Joachim, der im Januar 1964 geboren wurde. (Siehe Kapitel „Die vergessenen Söhne").

In diesem Jahr lernte er später seine zukünftige Ehefrau kennen, mit der er in Annaberg lebte, als er aus Anklam zurückkehrte. Dies war im August 1963. Seine Frau brachte fünf Kinder mit in die Beziehung, die Bernd mit versorgte. Er war kein Mensch, der sich vor Verantwortung scheute.

Im April 1964 heirateten sie und lebten als kinderreiche Familie in beengten katastrophalen Wohnzuständen und waren im Kontakt mit den Behörden mit dem Wunsch, ihre Wohnsituation zu verbessern. Hier konnte nicht wirklich Abhilfe geschaffen werden.

Es war zwar staatlicher Wohnraum vorhanden, aber es fehlten die Mittel und Materialien, um die Wohnräume gut instand zu halten. Ein Wahrzeichen der DDR zur Wendezeit waren die grauen bröckelnden Fassaden der Häuser, die einen trostlosen Anblick boten und nach meinem Empfinden bildlich verdeutlichten, wie es um die DDR wirklich stand. Die gewaltsam aufrecht erhaltene „Fassade" des Arbeiter-und-Bauern-Staates bröckelte unübersehbar.

(* Quelle: Wikipedia)

Vater Bernd als junger Mann

Im Herbst 1966 wurde seine Tochter Elsa geboren. Sie war ein Frühchen und musste zunächst ein paar Wochen im Krankenhaus bleiben, bevor sie nach Hause konnte (siehe Kapitel „Tochter Elsa"). Im Juli 1968 wurde dann Sohn Ronny geboren (siehe Kapitel „Die vergessenen Söhne").

Die bereits große Familie war nun weiter gewachsen und ich kann nur erahnen, wie schwierig es war, den Alltag zu bewältigen in derart prekären Wohnverhältnissen und mit so vielen Kindern, die alle Zuwendung verdient hatten. Welch eine Verantwortung in so jungen Jahren, Bernd war 24 Jahre alt! Ich wäre solch einer Aufgabe in dem Alter nicht gewachsen gewesen.

1970 folgte der nächste Schlag für Bernd und die Kinder der Familie. Seine Frau erkrankte schwer an Krebs und es begann für sie eine Odyssee an Behandlungen und Krankenhausaufenthalten, die leider keine Heilung brachten. Zusätzlich zur Arbeit, Haushalt, Kinderpflege pflegte Bernd noch seine Frau zusammen mit einem Pflegedienst. Einmal von dem körperlichen Kraftaufwand abgesehen, den er aufbringen musste, um all die Aufgaben zu bewältigen, brauchte er noch einmal genauso viel Kraft, um seine Gefühle zu bewältigen – Ohnmacht und Wut gegenüber der unaufhaltsamen Krankheit seiner Frau, der bevorstehende Verlust des geliebten

Menschen und Fels in der Brandung sein müssen für die Kinder, die im Begriff waren, ihre Mutter zu verlieren und auch nur hilflos zusehen konnten. Ich weiß nicht, wie mein Vater diese Belastung ausgehalten hat – er musste unmenschliche Kräfte gehabt haben und eine Quelle, aus der er Kraft schöpfen konnte, um weiterzumachen.

Trotzdem kam er an die Grenzen seiner Belastbarkeit und stimmt schweren Herzens zu, dass die Kinder seiner Frau auf Verwandte aufgeteilt wurden und seine Kinder von Dritten betreut wurden. Elsa kam ins Vorschulheim nach Johanngeorgenstadt. Wo sich Ronny in der Zeit aufgehalten hat, ist leider nicht dokumentiert bzw. liegt mir nicht vor.

Am 23.12.1971 – einen Tag vor Heilig Abend – verstarb seine Frau an ihrem Krebsleiden. Ab diesem Tag feierte er kein Weihnachten mehr. Man kann nur erahnen, wie sehr ihn der Verlust seiner Frau getroffen und erschüttert haben muss. Er hat bis zu seinem Tod nicht wieder geheiratet.

Mein Vater war mit 27 Jahren Witwer und alleinerziehender Vater.

Meine Mutter wurde seine Lebensgefährtin.

****

Vater (links) mit Bruder Manfred auf der Annaberger Kät (dem größten Volksfest im Erzgebirge)

Bernd in cooler Lederjacke und lächelnd

Kapitel 2

Vater – Haft, Fluchtversuch, STASI-Repressalien

In diesem Zeitraum stellte mein Vater Bernd zum ersten Mal einen Ausreiseantrag, der abgelehnt wurde.

Nach dem Tod seiner Frau wurden seine Kinder Elsa und Ronny in einem Kinderwochenheim in Annaberg von Montag bis Freitag betreut. Freitags holte Bernd die Kinder übers Wochenende ab. Meine Schwester Elsa hat dies so beschrieben:

„Papa holte uns immer am Freitag mit seinem LKW ab und brachte uns am Montag mit dem LKW in dieses Heim. Wir durften immer vorne sitzen. Die Wochenenden beim Papa waren nach meinen Erinnerungen her sehr schön."

Die Erziehungsmethoden in derartigen Heimen für kleine Kinder waren nicht immer pädagogisch wertvoll und es kam zeitweise auch zu Gewalt. Doch die Vorfreude auf den Vater ließen Elsa und Ronny diese Übergriffe vergessen. Auch ich erlebte einen Vorfall von Gewalt, als ich im Vorschulheim war. Mehr dazu im Kapitel „Tochter Diana". Ich möchte nicht behaupten, dass derartige Übergriffe in den Heimen für die kleinen Kinder an der Tagesordnung waren. Es gab auch viele Heimangestellte, die eine gute Arbeit machten und korrekt zu den Kindern waren. Doch es gab auch Betreuer*innen, die scheinbar mit der Arbeit überfordert waren und ihren Frust an den Kindern ausließen, was kaum aufgeklärt und geprüft wurde. Hier waren die Kinder auch dem System hilflos ausgeliefert. Dies bedeutete für die Kinder eine zusätzliche emotionale Belastung zu dem Trennungsschmerz wegen der Trennung vom Elternteil – hier: dem Vater.

In 1972 begannen hinter seinem Rücken die Vorbereitungen zur Zwangsadoption von Elsa, die Elsa so beschrieb: *„Plötzlich kam die Leiterin des Kinderwochenheimes in das Zimmer, wo sich unsere Gruppe immer beim Spielen aufgehalten hat. Sie sagte zu mir, ich sollte mir doch schnell was Gutes anziehen. Es warten Leute auf uns. Ich tat es einfach..als Kind. Dann leitete sie uns in den Büroraum. Da saßen drei Ehepaare. Sinngemäß sagte die Leiterin, das sind Ehepaare, die dich kennenlernen wollen. Ich sollte sie ganz genau anschauen und ihr dann sagen, welches Ehepaar uns gefällt. Ehrlich gesagt, wusste ich überhaupt nicht, was ich damit anfangen sollte und warum ich das tun sollte. Ich als Kind urteilte nach dem Aussehen. Der Adoptiv-*

vater sah meinem Papa ähnlich, daher entschied ich Kind mich mit 5 Jahren für dieses Ehepaar, die später die Adoptiveltern werden sollten…"

Weiter beschrieb Elsa, dass sie ab und zu bei diesem Ehepaar war – in der Woche, wo der Vater nichts davon mitbekam – die sogenannten Eingewöhnungstage. Das Ganze gipfelte dann nach einiger Zeit mit der Entführung – wie es Elsa nannte, bei der sie gegen ihren Willen und gegen den Willen des Vaters aus dem Heim in das Leben der Zwangsadoptionseltern katapultiert wurde. Dies geschah an einem Freitag im Frühsommer 1973 am späten Vormittag und sie beschrieb dies so:

„Ich wartete schon, dass mein Papa uns wieder abholt. Die Vorfreude war wie immer sehr groß. Ich weiß noch, dass ich im Sandkasten spielte und es waren noch viele Kinder da. Plötzlich kamen in großer Eile unsere Erzieherin und die Leiterin zu uns und sagten sinngemäß „Schnell kommt. Eure Sachen sind schon gepackt, es kann losgehen." Eigentlich war es so, dass ich mit dem Papa zusammen die Sachen gepackt habe, wenn er uns geholt hat. …Ich ging ins Haus und sah meine Tasche schon im Hausflur stehen. Das kam mir komisch vor. Im Hausflur befand sich eine kleine Toilette. Die Leiterin öffnete die Haustür und ich sah vorm Haus den Trabant der zukünftigen Adoptiveltern und diese am Gartentor stehen. Sie riefen sinngemäß „Wir holen dich ab." Plötzlich wurde mir klar, das kann nicht richtig sein, was hier passiert. Ich rannte sofort in die kleine Toilette und schloss mich ein. Sie riefen mir zu, ich solle mich beeilen, die Zeit dränge. ‚Ich warte, bis Papa kommt.' waren meine Gedanken. Personen versuchten, die Toilette zu öffnen, doch sie schafften es nicht. Ich weiß nicht, wie lange ich in dieser Toilette war. Nach einiger Zeit merkte ich, dass ich Hunger bekam. Was sollte ich tun? Ich gab auf. Ich öffnete die Toilettentür und ging ganz langsam zu den zukünftigen Adoptiveltern. Auf dem Weg fiel mir ein ‚wenn ich mir jetzt ordentlich in die Hose mache, nehmen sie mich nicht mit.' Auf der Stelle machte ich ein großes und ein kleines Geschäft in die Hose und ging so zu denen. Nun wartete ich in großer Hoffnung darauf, dass sie sagen: „du kommst nicht mit, weil du in die Hose gemacht hast." Denkste. Die Adoptivmutter sagte, dass ich mich hinten auf den Autoboden setzen sollte. Daraufhin habe ich so geweint. Absolute Verzweiflung und Angst in mir. „Ich will nicht, ich will zum Papa!" schrie ich immer wieder. Dann fuhren wir weg vom Kinderwochenheim. Später drehte sich die Adoptivmutter um und sagte, dass sie jetzt meine Eltern sind und dass

ich jetzt Mutter und Vater zu denen sagen sollte. Das habe ich damals überhaupt nicht verstanden. Ich habe lange gebraucht, um zu denen Mutter und Vater zu sagen. Wir fuhren und fuhren. Dann sagte die Adoptivmutter…"Wir fahren in den Urlaub."

(Die Fahrt ging nach Kühlungsborn.) Danach zu denen nach Hause, welches mein neues Zuhause wäre. Ich weiß noch, dass ich darauf gesagt habe, dass mein Zuhause beim Papa ist. Sie erwiderte mit den Worten: „Du wirst deinen Vater nie mehr sehen." Das war zu viel für mich, meine Welt brach zusammen. Es gibt Bilder von mir vom „Urlaub" in Kühlungsborn. Man sieht mich sehr sehr viel weinen…"

Als meine Schwester Elsa 1994 ihre Großmutter mütterlicherseits treffen und sprechen konnte, erfuhr sie, was im Hintergrund dieser Entführung und Zwangsadoption passiert war. Zwei Stasi-Typen statteten der Oma einen Besuch ab und forderten sie auf, die „Einwilligung zur Adoption" im Namen des Vaters Bernd zu unterschreiben. Sie weigerte sich. Daraufhin hielten die beiden ihr die Waffe an den Kopf und forderten sie noch einmal auf. Wer sagt da noch „Nein", wenn sein Leben auf dem Spiel steht?! Sie tat es und weder Elsa noch jemand anderes haben ihr jemals einen Vorwurf daraus gemacht. Eine detaillierte Beschreibung dieses Vorganges ist im Kapitel „Tochter Elsa" zu finden.

Auf Elsa´s Frage, wie ihr Papa auf die Entführung reagiert hat, erzählte die Oma sinngemäß, dass ihr Papa vollkommen ausgeflippt ist. Er ist mit dem LKW auf den Markt von Annaberg gefahren und habe immer wieder ganz laut geschrien:

„DIE STASI HAT MEIN KIND WEGGENOMMEN!!!"

Ab dem Tag war Ronny das „einzige" Kind von unserem Vater. Aber auch Ronny hielt sich nicht mehr beim Vater auf, da er in ein Heim kam.

Die Zwangsadoption wie auch die Abschiebung der Kinder in ein Heim war übliche Vorgehensweise, wenn ein Bürger systemuntreu war und „bestraft" werden musste. Unser Vater hat seine Anträge auf Ausreise nie widerrufen und so stahl man ihm seine Kinder, um ihn zu treffen und gefügig zu machen, was – um es vorweg zu nehmen – bis zum Schluss Gott sei Dank nicht gelang. Widersprüchlich war auch, dass sich die DDR als Arbeiter-und-Bauern-Staat sah und ausrief und trotzdem nicht davor zurückschreckte, auch Arbeiter und Bauern zu bekämpfen. Also noch mehr Arbeiter als mein Vater ging nun wirklich nicht.

Im April 1974 erfolgte die „offizielle" rechtliche Zwangsadoption von Elsa. Bernd hatte nun keinerlei rechtliche Handhabe mehr, Einfluss auf das Leben seiner Tochter zu nehmen.

Ich wurde im Februar 1975 geboren und habe meinen Vater nie bewusst kennengelernt. (Siehe Kapitel "Tochter Diana")

Am 11.12.1976 stellte er erneut einen Antrag auf Ausreise aus der DDR bzw. schrieb einen Brief direkt an Erich Honecker. Ab diesem Zeitpunkt begann seine „Karriere" als einer von so vielen Staatsfeinden Nr. 1 mit allen Schikanen, die dieses System so auf Lager hatte.

Ab Juli 1977 wurde er als „Krimineller" nach § 249 StGB der DDR erfasst. Dieser Paragraph sagte aus, dass Bürger verurteilt werden konnten, wenn sie durch asoziales Verhalten gegen die allgemeine staatliche und öffentliche Ordnung verstießen. Dieser Paragraph gab dem Regime freie Fahrt für Verleumdung, Denunzierung, Herabsetzung, Schlechtmachen von unliebsamen staatsuntreuen Bürgern. Die Stasi ließ nichts unversucht und schrieb viele Seiten, meinen Vater als liederlichen und asozialen Menschen darzustellen. Ein Kompliment an dieser Stelle an die Stasi-Autoren für ihre Kreativität und ihren Einfallsreichtum! Selbst Jesus wäre am Ende eines solchen Schriftstückes in den Augen und im Empfinden der ausführenden Kräfte zu einem „Penner" mutiert.

Interessant und beklemmend zugleich zu sehen ist, welche Spurensicherung die Stasi so vorgesehen hatte bzw. in der Lage war durchzuführen.

In diesem Zeitraum geschah eine interessante Unterredung laut folgendem Protokoll:

Rat des Kreises Annaberg
Abt. Innere Angelegenheiten

US BRD
25. Juli 1977

Protokoll

Am 19. 07. 1977 erscheint auf Vorladung Herr Bernd Beyer, wohnhaft in Annaberg-Buchholz, Große Kirchgasse 31 in Begleitung von Frau ███████, ebenfalls dort wohnhaft.

Schon auf dem Korridor sprachen beide sehr laut, so daß auch andere Mitarbeiter auf die beiden aufmerksam wurden.

Herr Beyer, der ja zu einer Aussprache geladen war, wurde sodann in das Zimmer gerufen. Frau ███████ forderte unter lautem Redeschwall ebenfalls Zutritt, der ihr auch wohl oder übel gestattet werden mußte. Beim Eintritt war zu erkennen, daß beide unter Alkohol standen.

Bevor Genosse ███████ und Genosse ███████ zum Reden kamen, begann Frau ███████ in einem lauten Ton zu brüllen, daß die "Bullen" (gemeint sind 2 VP-Angehörige) bei ihr in der Wohnung waren und der Eine, namens ███████, habe seine Pistole gezogen und wollte in der Wohnung schießen. Sie habe dem Honecker bereits alles geschrieben, was sich zugetragen habe. Sie ereiferte sich in unsachliche Redensarten wie "elendes Pack" und weiter brüllte sie, daß sie hier raus will aus dem Staat und zwar in die BRD.

Herr B. versuchte sie zu beruhigen, was ihm so gut wie nicht gelang, sie brüllte ihn mehrmals an und sagte: "Halt Deine Schnauze!". Als er sie anfasste und zur Tür hinausstecken wollte, schlug sie ihn auf dem Arm. Schließlich gelang es doch, sie zum Verlassen des Zimmers zu bewegen.

Es begann so dann die eigentliche Aussprache mit Herrn B. wegen seinem Antrag auf Übersiedlung in die BRD. Es wurde ihm die Frage gestellt, ob er bereit sei, diesen Antrag zurückzuziehen. Das verneinte er und äußerte mehrmals, daß er unbedingt darauf bestehe, daß sein Antrag genehmigt wird. Es sei ihm hier hinsichtlich seiner schlechten Wohnverhältnisse nicht geholfen worden und außerdem habe man ihn vorige Woche barfuß zum Rathaus geschleppt. Nach diesem Vorfall habe man ihm plötzlich eine Wohnung, Große Kirchgasse 6 angeboten. Er würde diese Wohnung nicht beziehen, sondern will in die BRD.

Alles gute Zureden war umsonst und erfolglos.

Nach ca. 5 Minuten ging die Tür auf und Frau ███████ kam wieder ohne Aufforderung und mit Gebrüll in das Zimmer. Sie fing wieder mit dem ███████ an und auch mit ihrer Wohnung. Es seien einmal 2 Genossen der SED-Kreisleitung in dieser Wohnung gewesen und der eine habe nur einen Fuß in den Ort gestellt und habe gesagt, daß das Haus abgerissen werden müßte.

Sie wäre bisher nur ███████ beschieden wurden und hier fiel auch wieder das Wort "Pack", die hätten ja schöne Wohnungen mit Balkon, um eine schwache Frau mit ihren Kindern würde sich niemand kümmern.

Sie wiederholte dann noch mehrmals, daß sie an Honecker geschrieben habe und daß sie hier raus will.

Da sie immer lauter wurde, mußte sie mehrmals zur Ruhe ermahnt werden, was jedoch ebenfalls nicht zum Erfolg führte, so daß das Gespräch abgebrochen werden mußte.

Herrn B. wurde erklärt, daß sein Antrag, da er ihn nicht zurücknimmt, abgelehnt wird. Er ist damit nicht einverstanden und will sich weiter wenden.

Frau ███████ ist hysterisch und unsachlich, während Herr B. ruhig war und immer wieder versuchte, seine Freundin zu beruhigen.

Leiter der Abteilung

Ich finde, dies sagt sehr viel aus über die perfide Vorgehensweise der Staatsdiener. Und ich glaube keine Sekunde, dass dies die Reaktion einer überdrehten Bürgerin war, sondern die menschlich absolut nachvollziehbare Reaktion einer Frau, die mit einer Waffe bedroht worden war. Wer bleibt schon ruhig, wenn er Angst um sein Leben hat?!

Es gibt eine Anzeige bei der Volkspolizei vom 06.01.1978 mit folgendem Inhalt: „Am 15.07.1977 wurde er polizeilich der Abteilung Inneres zugeführt." Das heißt, Bernd wurde als „kriminell gefährdeter Bürger" eingestuft.

So wurde auch mein Vater nach § 249 StGB der DDR wegen angeblicher Alkoholsucht und wegen „Arbeitsbummelei" im März 1978 nach diesem Paragraphen verurteilt und eine zweijährige Bewährungsstrafe verhängt.

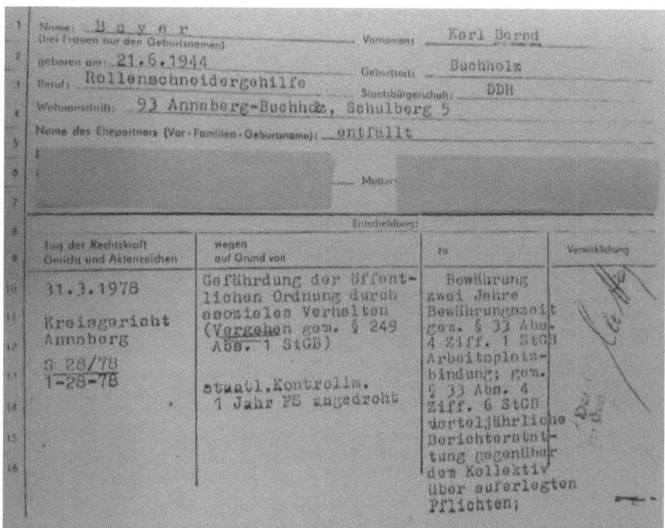

In der Urteilsbegründung stehen ein paar interessante Sätze, die die Respektlosigkeit des Staates und seiner Organe gegenüber den Menschen, die entmündigt und wie Kleinkinder behandelt wurden und das konsequente Festhalten meines Vaters an seinen Auffassungen verdeutlichen. So steht hier: *„....Mit diesem Handeln erfüllt der Angeklagte in objektiver und subjektiver Hinsicht den Tatbestand der Gefährdung der öffentlichen Ordnung durch asoziales Verhalten. Trotz vielfachen erzieherischen Bemühens seitens seines Betriebes, Aussprachen, Einleiten von disziplinarischen Maßnahmen, wie Verweis,*

strenger Verweis, der Beauflagung durch den Rat der Stadt Abteilung Inneres, erzieherische Aussprachen durch die Abteilung Inneres, Aufforderung zu Aussprachen durch die Abteilung Inneres, eines durchgeführten Ordnungsstrafverfahrens, weil der Angeklagte die ihm erteilten Auflagen verletzte, entzog er sich fortwährend einer geregelten Arbeit.....(Auflistung Fehlschichten) Damit erreicht die Intensität, mit der sich der Angeklagte aus Arbeitsscheu einer geregelten Arbeit entzog, auch angesichts der vielfachen erzieherischen Einflußnahme seitens betrieblicher und staatlicher Organe der Grad der Hartnäckigkeit......Das Handeln des Angeklagten ist Ausdruck einer erheblichen Mißachtung der gesellschaftlichen Disziplin und der sozialistischen Gesetzlichkeit....."

Man verzeihe mir einen gewissen Zynismus, aber wie kann es mein Vater auch wagen, sich einer gut gemeinten „Erziehung" zu entziehen?!

Mein Vater war ein erwachsener Mann und wusste sehr genau, was er will und was nicht. Und er wollte von jungen Jahren an nicht in diesem Land in diesem unmenschlichen System leben und er hat daran trotz aller Schikanen festgehalten und hat das System auf Trab gehalten – gut gemacht!

Es gibt eine Beurteilung seines Betriebes vom Juni 1978, in dem man sich auch beklagt, dass sich Bernd einfach nicht „umerziehen" lässt:

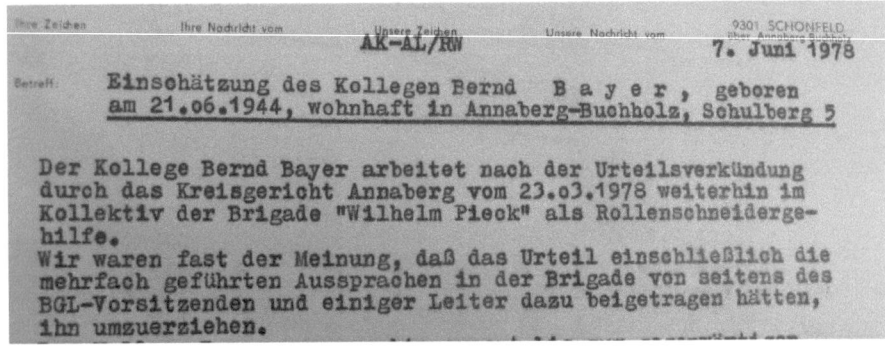

Wenn das ganze Prozedere nicht so traurig gewesen wäre und nicht so schlimme Konsequenzen für die Menschen gehabt hätte, könnte man darüber eigentlich lachen, weil es lächerlich ist.

Im Juli 1978 wagte mein Vater die Republikflucht und damit begann seine Haft-Odyssee quer durch die DDR.

Im Urteil des LG Chemnitz vom Januar 2005, welche die Aufhebung des Urteils des Kreisgerichtes Annaberg vom Oktober 1978 beinhaltet, steht der Werdegang des Fluchtversuches:

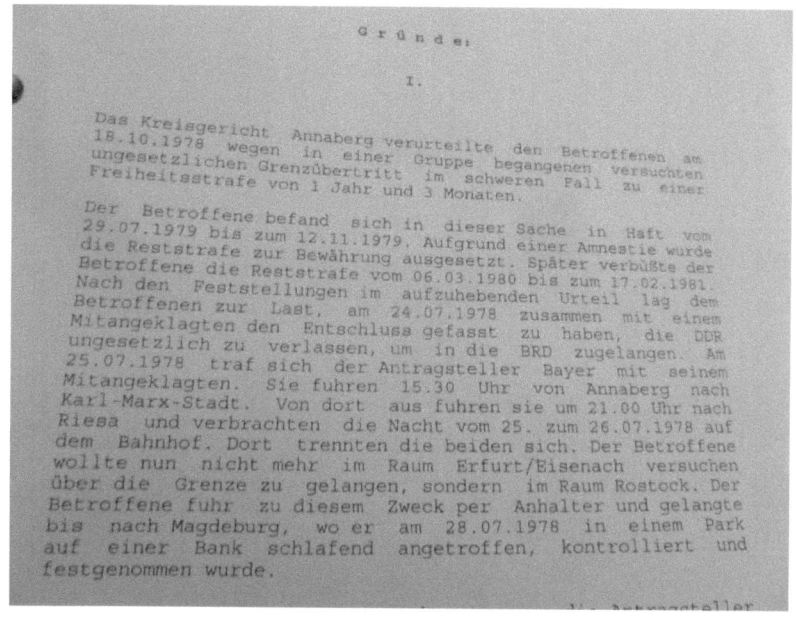

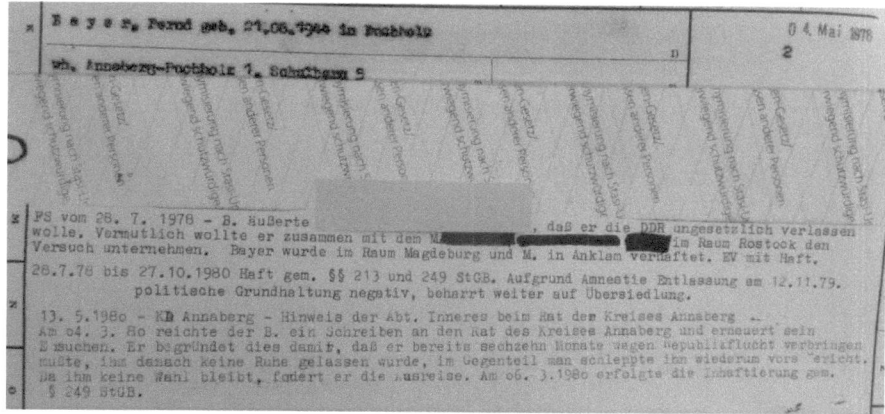

Die Liste der Verurteilungen wurde länger

Nach den mir vorliegenden Haftbescheinigungen (Aufnahme, Verlegung, Entlassung), die teils verwirrend sind und durch die ich den Eindruck hatte, mein Vater war geklont – also mehrfach vorhanden - und hielt sich an zwei Orten gleichzeitig auf….(vielleicht bewusst so gemacht?), war er folgendermaßen inhaftiert:

Nachdem er nach dem gescheiterten Fluchtversuch festgenommen worden war, befand er sich zunächst in der Untersuchungshaft in Magdeburg und wurde dann in die Strafvollzugseinrichtung nach Zwickau verlegt und danach nach Karl-Marx-Stadt. Dies passierte innerhalb des Zeitraumes Juli 1978 bis Juli 1979.

Leider konnte ich meinen Vater nicht selbst befragen, wie es ihm in den Einrichtungen ergangen ist. Laut einem interessanten Artikel der Justiz Sachsen* sollten politische Gefangene durch eine schlechte Behandlung bewusst gebrochen werden, z.B. durch Einzelhaft und damit Isolation von anderen Gefangenen. Es ist von Übergriffen der politischen Gefangenen durch Strafvollzugspersonal, von Zuteilung gesundheitsschädlicher Arbeiten, unausgewogener Ernährung die Rede. In Karl-Marx-Stadt war das MfS (Stasi) direkt für die Gefangenen verantwortlich. Die Zellen waren sehr klein und eng und schäbig und hatten keine richtigen Fenster, sondern Glasfließen, durch die man nur sehen konnte, ob es draußen hell oder dunkel war. Es gab auch jede Menge Zellenspitzel, die ihre Mithäftlinge auch noch überwachten, so dass letztendlich jeder Häftling überwacht „operativ" war. Also, selbst wenn sich Häftlinge begegneten und miteinander reden konnten, konnten sie sich nicht vertrauen. Auch hier waren die Herren von „Horch und Guck" – in dem Fall nicht nur die Stasi sondern auch selbst betroffene Häftlinge - zu Gange.

Das sog. Kaßberg-Gefängnis in Karl-Marx-Stadt war auch Sammelplatz für viele freigekaufte politische Häftlinge, die dort auf den Transport in die BRD warteten.

Man kann man sich vorstellen, dass es meinem Vater da nicht gut ergangen sein wird, da er in ganz besonderem Maße „erziehungsresistent" war und sich einer „Bewusstseinsveränderung" entzogen hat.

Es gibt eine Einschätzung des Knastes über meines Vaters, die ich den Lesern nicht vorenthalten möchte. Offensichtlich hat ihm die Arbeit hier gefallen, so dass er kein Arbeitsbummler war…. Man beachte den letzten Satz.

*https://www.justiz.sachsen.de/download/Der_Strafvollzug_in_der_DDR.pdf

> Der Strafgefangene B e y e r befindet sich seit November 1978 in der StVE Karl-Marx-Stadt. Zur gesellschaftlich-nützlichen Arbeit ist B. im VEB "Wilhelm Pieck" Karl-Marx-Stadt eingesetzt. Er führt im Kdo. Bewährung Eisenflechtarbeiten aus. Vom Einsatzbetrieb werden seine Arbeitsleistungen in Qualität und Quantität mit sehr gut eingeschätzt. Er hat eine ständige Normerfüllung über 190 %. Die Arbeitsdisziplin und die Arbeitsschutzordnung werden vom Strafgefangenen in jedem Fall eingehalten. Sein Umgang mit Werkzeugen und Material ist gut. Weisungen der Betriebsangehörigen werden sofort und in guter Qualität ausgeführt. Er übt keinen Einfluß auf die anderen Brigademitglieder aus, trägt aber durch seine Arbeitsleistungen wesentlich zum guten Brigadedurchschnitt bei. Auf Grund seiner ausgezeichneten Arbeitsleistung konnte B. bereits mehrfach ausgezeichnet werden.
>
> Die politische Grundhaltung des Strafgefangenen in unserem Staat ist negativ. Er hat vor der Inhaftierung einen Übersiedlungsantrag gestellt und beharrt auf diesen. Aussprachen darüber führten zu keinem Erfolg. Er ist der Meinung, in der BRD freier Leben zu können. Seine Meinung vertritt er nicht im Erzieherbereich.
>
> Das Verhalten im Unterkunftsbereich entspricht den gestellten Normen. Die Hausordnung wird eingehalten. Strafgefangene mit konkreten Aufgaben und Funktion werden vom Strafgefangenen anerkannt, aber in keiner Art und Weise unterstützt. Seine persönliche Ordnung und Sauberkeit sind als gut zu bezeichnen. Das Auftreten gegenüber SV-Angehörigen ist korrekt und höflich. Gegebene Weisungen werden sofort und in guter Qualität ausgeführt.
>
> An den Maßnahmen der staatsbürgerlichen Erziehung und allgemeinen Bildung nimmt er teil, beschränkt sich aber lediglich auf das Zuhören.
>
> Zur Straftat befragt, zeigt er keine Einsicht. Er erkennt diese nicht als Straftat an. Die Verurteilung wegen § 249 StGB sieht er ein. Er will in Zukunft seiner Arbeit nachgehen.
>
> Die Fragen der Wiedereingliederung sind geklärt. Er wird wieder in Annaberg, Schulberg 5 wohnen. Arbeiten wird er wieder im VEB Schönfelder Papierfabrik als Rollenschneidergehilfe.
>
> Durch das verurteilende Gericht wurde der § 48 StGB bei B. festgelegt. Ihm sollte eine Arbeitsplatzbindung von 1 1/2 Jahren auferlegt werden. Das Kollektiv muß in der Lage sein, dem Strafgefangenen ständig zu kontrollieren.
>
> Die Entlassung erfolgt auf Grund des Staatsratsbeschlusses vom 24.3.1979. Der Entlassungstag ist den Angehörigen nicht bekanntzugeben.
>
> Strafvollzugseinrichtung
> 9040 Karl-Marx-Stadt
> PSF 7
> Major d. SV

Ehemalige politische Häftlinge berichten davon, dass sie teils sogar froh waren, dass sie arbeiten konnten. Langeweile, Nichtstun, keine Ansprache, kein Buch, kein Papier zum Schreiben usw. waren auch bezeichnend für eine politische Haft in der DDR. Dies war bewusst so vom Apparat gehändelt worden, um die politischen Häftlinge zu zermürben. Durch die Arbeit verging die Zeit, sie waren beschäftigt und hingen nicht die ganze Zeit ihren Gedanken nach, die zerfraßen. Ich gehe davon aus, dass mein Vater so auch froh war, sich mit Arbeit ablenken zu können.

Vom Juli 1979 bis November 1979 befand er sich im Gefängnis in Bautzen in Einzelhaft.

Auch hierzu kann ich meinen Vater leider nicht befragen. Ich bin mir auch ziemlich sicher, dass er über diese Zeit nicht gesprochen hätte. Einzelhaft in Bautzen war – nach den Aussagen von ehemaligen Inhaftierten, die darüber sprechen konnten – der Gipfel an unmenschlicher herabwürdigender Behandlung. Es wurde alles von den Ausführenden getan, um den Menschen zu einer Nummer zu machen. Nicht nur, dass man ihnen eine Nummer zuteilte (wie auch ein paar Jahre zuvor in den Konzentrationslagern der Nationalsozialisten – die Parallelen fallen auf!), sondern die politischen Häftlinge wurden regelrecht demontiert, herabgewürdigt, ignoriert, angeschwiegen oder angeschrien, sozial isoliert, einem Klima aus Angst, Bedrohung ausgesetzt. Der zuständige „Ermittler", der „herausfinden" sollte, was der politische Häftling genau gemacht hatte, um darüber ein weiteres detailliertes Protokoll schreiben zu können, war wochenlang der einzige Mensch, mit dem der politische Häftling (Staatsfeind Nr. 1) sprechen durfte. Dies wurde auch gemacht, um ein (erzwungenes) Vertrauen des Häftlings zum Ermittler aufzubauen. Ehemalige Häftlinge, die in Einzelhaft waren, berichten tatsächlich, dass sie froh waren, den Ermittler zu sehen, auch, wenn es diese rote Socke und keine Vertrauensperson war. So sahen sie überhaupt mal jemanden und konnten mal reden, wenn auch über beklemmende nicht frei gewählte Themen, die der „Ermittler" vorgab und führte.

Vom November 1979 bis zum März 1980 kam Bernd auf Grund von Amnestie auf Bewährung frei. Auch in dieser Zeit stand er unter ständiger Kontrolle und Bevormundung der staatlichen Behörden und der Stasi. Wie ich aus Unterlagen entnehmen kann, entzog sich mein Vater weitestgehend dem System und verdiente sein Geld mit der Reparatur von Fernsehapparaten, dem Schnitzen und Verkauf von Räuchermännchen und anderen selbst gefertigten Bastelarbeiten vorrangig aus Holz. Wie gerne hätte ich mir seine Schnitzereien und Arbeiten angeschaut. Ich habe großen Respekt und Bewunderung für Menschen, die kreativ und mit Geschick schöne Dinge herstellen können. Dieses Talent hat Vater Bernd uns Kindern auf jeden Fall weiter vererbt.

Er hatte auch ein Gartengrundstück, was er bewirtschaftete. Ich bin erleichtert, dass er in dieser schweren Zeit einen Ausgleich hatte und hier für einige Zeit seine Seele baumeln lassen konnte. Was ich auch mit ihm teile, ist die Vorliebe für Erdbeeren und Erdbeerkuchen. Ich hoffe, er konnte in seinem Garten reichlich davon ernten und sich den Bauch vollschlagen, denn Erdbeeren machen glücklich und kleine

Glücksmomente erhalten den Lebensmut.

Bernd stellte im März 1980 erneut einen Antrag auf Ausreise aus der DDR. Auch aus der Haft heraus tat er dies immer wieder. Der Text seines Ausreiseantrages vom März lautete wie folgt:

„Da ich mich in der DDR nicht frei bewegen kann und mir nicht einmal eine Arbeitsstelle suchen kann, die mir geistig und körperlich zusagt, möchte ich die Ausreise nach Deutschland (BRD) beantragen. Da ich schon sechzehn Monate wegen Republikflucht im Zuchthaus verbringen mußte und da man mir danach keine Ruhe läßt – im Gegenteil, man schleppt mich wiederum vors Gericht Annaberg. Und was dabei herauskommt, ist mir sonnenklar. Darum fordere ich die Ausreise nach Deutschland, da mir in der DDR keine andere Wahl bleibt."

Und in der Übersiedlungsakte, die erstellt wurde, als mein Vater im Notaufnahmelager in Gießen im August 1981 aufgenommen wurde, vermerkte mein Vater folgendes:

„Mein Grund (für die Ausreise ist) dass ich mich nicht einem Sozialismus bzw. einem roten Staat unterordnen werde, da dies meiner Weltanschauung nicht entspricht und meiner persönlichen Freiheit zuwider ist. Freiheit kann ich nur in der Bundesrepublik Deutschland erlangen."

Ich denke, diese Worte sprechen so vielen Menschen aus dem Herzen und verdeutlichen, wie den meisten Menschen in der DDR zumute war. Der Mensch kann sich nicht entfalten, wenn er wie ein Herdentier gehalten und eingesperrt wird. Jeder Mensch ist ein Individuum, hat seinen eigenen Lebensweg, seine eigenen Wünsche und Vorstellungen vom Leben, die respektiert werden müssen. Jeder Mensch hat das Recht, sein Leben nach eigenen Vorstellungen und Möglichkeiten zu gestalten (solange er dabei nicht anderen seinen Willen aufzwingt und anderen schadet und das Prinzip: >>Leben und leben lassen<< gewahrt bleibt). Jeder Mensch hat das Recht, die Welt und das Universum so zu sehen, wie es für ihn stimmig ist (solange er das Weltbild anderer als gleichberechtigt akzeptiert).

Ich empfinde es als sehr wichtig und gut, dass die Grundrechte der Menschen im Grundgesetz der BRD verankert sind und empfinde besonders die Paragraphen 1 und 2 als sehr aussagekräftig und berührend vor dem Hintergrund, was meinem Vater und vielen anderen Menschen in der DDR widerfahren ist.

I. Die Grundrechte

Artikel 1 [Menschenwürde – Menschenrechte – Rechtsverbindlichkeit der Grundrechte]

(1) Die Würde des Menschen ist unantastbar. Sie zu achten und zu schützen ist Verpflichtung aller staatlichen Gewalt.

(2) Das Deutsche Volk bekennt sich darum zu unverletzlichen und unveräußerlichen Menschenrechten als Grundlage jeder menschlichen Gemeinschaft, des Friedens und der Gerechtigkeit in der Welt.

(3) Die nachfolgenden Grundrechte binden Gesetzgebung, vollziehende Gewalt und Rechtsprechung als unmittelbar geltendes Recht.

Artikel 2 [Persönliche Freiheitsrechte]

(1) Jeder hat das Recht auf die freie Entfaltung seiner Persönlichkeit, soweit er nicht die Rechte anderer verletzt und nicht gegen die verfassungsmäßige Ordnung oder das Sittengesetz verstößt.

(2) Jeder hat das Recht auf Leben und körperliche Unversehrtheit. Die Freiheit der Person ist unverletzlich. In diese Rechte darf nur auf Grund eines Gesetzes eingegriffen werden.

Genau diese Rechte wurden in der DDR massiv missachtet und verletzt und haben die Menschen, die ihre Heimat sicherlich liebten, dazu veranlasst, sich davon abzuwenden, um ihre persönliche Freiheit und Unversehrtheit und Individualität bewahren zu können. Das Unrecht und die Ungerechtigkeiten, die in der DDR passiert sind, machen heute noch sprachlos und betroffen tief im Innern.

Zurück zum Werdegang meines Vaters.

Er wurde im März 1980 wieder nach § 249 StGB der DDR verurteilt und inhaftiert, da er ja immer noch nicht eingesehen hatte, dass das Leben im Arbeiter-und-Bauern-Staat und im Sozialismus erstrebenswert ist und passte sich einfach nicht an. Auch in diesem Gerichtsurteil wird seine starke Persönlichkeit und Integrität durch den Urteilstext herabgewürdigt.

> für Recht erkannt.
>
> 1. Der Angeklagte wird wegen Beeinträchtigung der öffentlichen Ordnung und Sicherheit durch asoziales Verhalten in Tateinheit mit Verletzung gerichtlicher Massnahmen, begangen im Rückfall, (Vergehen gemäss §§ 249 Abs. 1, 238 Abs.1, 44 Abs.1, 63, 64 StGB) zu einer Freiheitsstrafe in Höhe von
> 1 – einem – Jahr und 6 – sechs – Monaten verurteilt.

> ... worden, und eine Belehrung erfolgte auch bei den einzelnen Aussprachen. Somit handelte der Angeklagte vorsätzlich im Sinne des § 6 Abs. 1 StGB.
>
> Das Handeln des Angeklagten ist Ausdruck einer labilen und negativen Einstellung zu seinen Pflichten in unserer sozialistischen Gesellschaft. Der Angeklagte war nicht in der Lage, die ihm mit dem Amnestieerlass gewährte Bewährungs-Chance zu nutzen und setzte sein gesellschaftswidriges Verhalten fort. Er zeigte damit, dass er aus seinen bisherigen Verurteilungen nicht die richtigen Lehren gezogen hat. Beim Angeklagten ist kein Willen zur Selbständerung vorhanden.
> Unter Beachtung der Kriterien der Strafzumessung des § 61 StGB erkannte das Gericht in Übereinstimmung mit dem Antrag der Staatsanwaltschaft auf eine Freiheitsstrafe in Höhe von einem Jahr und 6 Monaten. In diesem Strafmaß wurde auch das kurze Rückfallintervall zwischen den einzelnen Straftaten des Angeklagten berücksichtigt. Für das erneute strafbare Handeln des Angeklagten musste auch die Anwendung des § 44 Abs. 1 StGB erfolgen, da dieser bereits wegen vorsätzlicher Vergehen zweimal mit Freiheitsstrafe bestraft worden ist.
> Dem Antrag der Verteidigung, den Angeklagten freizusprechen,

> In Würdigung der Tat und der Persönlichkeit des Angeklagten, zur Vorbeugung erneuter Straffälligkeit und zu einer ordnungsgemässen Wiedereingliederung, wurden die mit rechtskräftigem kreisgerichtlichen Urteil vom 28.10.1978 ausgesprochenen staatlichen Kontrollmassnahmen durch die Deutsche Volkspolizei aufrechterhalten.

So befand er sich von März 1980 bis Februar 1981 wieder in Haft in Bautzen.

Ich möchte mir nicht ausmalen, wie es ihm in dieser Zeit ergangen ist und ich frage mich, wie ein Mensch solch eine Herabwürdigung verkraften kann. Was hat ihn am Leben gehalten? Was hat ihm immer noch Kraft gegeben, diese Belastung auszuhalten? Hat ihm vielleicht sein Glaube (er war evangelisch) geholfen oder der Drang und die Sehnsucht nach Freiheit? Diese Fragen stelle ich mir oft. Andere politische Häftlinge mit derartigen Erfahrungen haben berichtet, dass ihr Wunsch nach Freiheit sie hat weiterleben und durchhalten lassen.

Auch hier möchte ich meinen Respekt und meine Hochachtung für all die Häftlinge aussprechen, die diese grauenhaften Zeiten überstanden haben und ihrer Überzeugung treu geblieben sind. Was für eine Leistung!! Chapeau!!

Von Februar 1981 bis August 1981 hielt Bernd sich in der Haftanstalt in Regis-Breitingen auf.

Die letzten Tage seines DDR-Aufenthaltes befand er sich in der Strafvollzugseinrichtung in Berlin. Er wurde durch die BRD für viel Geld freigekauft.

Kapitel 3

Vater – Übersiedlung in BRD, Tod, Rehabilitierung

Mein Vater war nun kein DDR-Staatsbürger mehr.

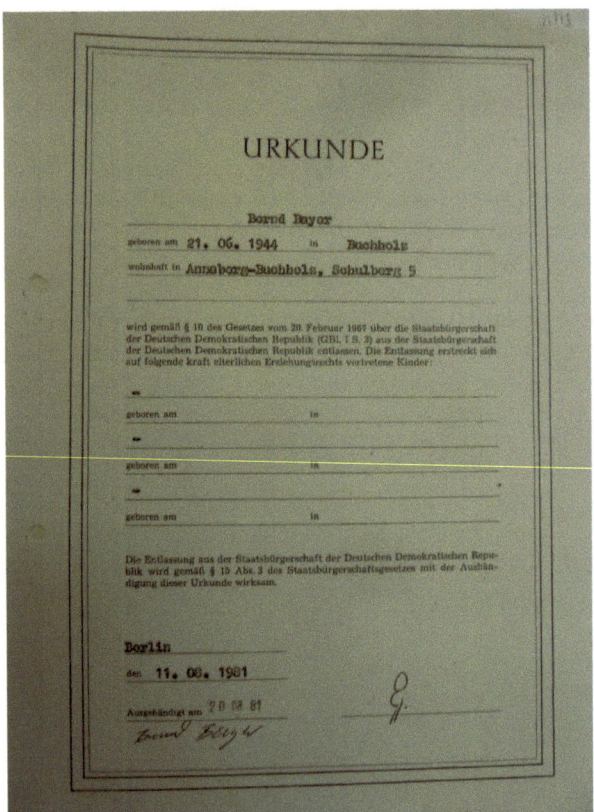

Er wurde am 20.08.1981 mit einem Sondertransport – der 13. Transport - in die BRD in das Notaufnahmelager in Gießen gebracht.

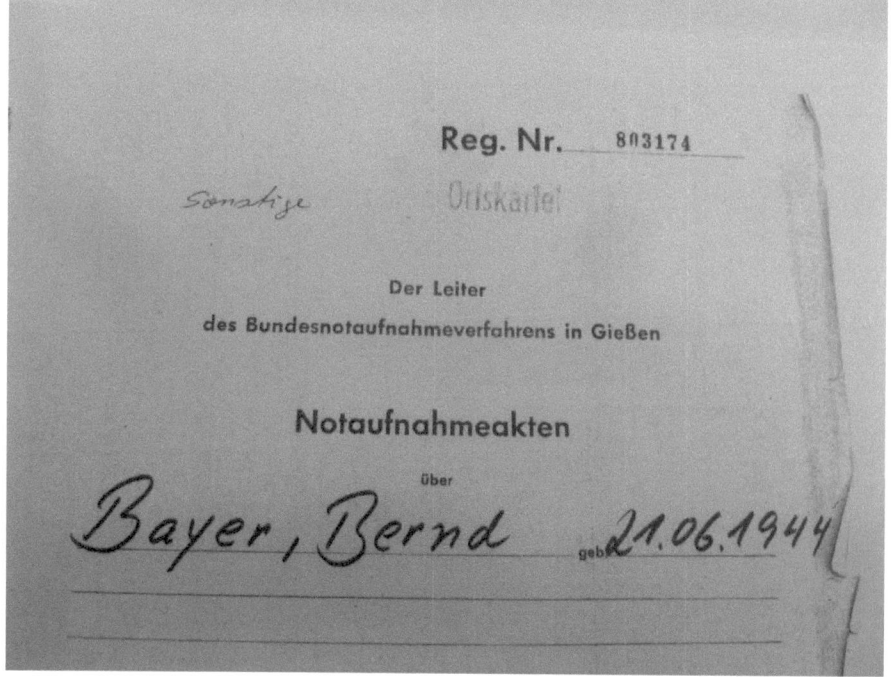

Folgende Bescheinigung befand sich in der Übersiedlungsakte von Vater Bernd.

GESAMTDEUTSCHES INSTITUT
BUNDESANSTALT
FÜR GESAMTDEUTSCHE AUFGABEN

PREUSSISCHER PLATZ 3
1000 BERLIN 31, 27.08.1981

17 Z - 438 55 - 21 391

Bitte Bl. 19 d.A.
beachten

B e s c h e i n i g u n g

Herr Bernd B a y e r ,
geboren am 21.06.1944 in Buchholz Krs. Annaberg, vor der Festnahme
wohnhaft gewesen in Annaberg, trägt vor, daß er am 23.07.1978 in
der DDR inhaftiert worden sei. In dem gegen ihn durchgeführten
Strafverfahren sei im September 1978 durch das Kreisgericht Annaberg
zu einer Freiheitsstrafe von zwei Jahren drei Monaten wegen
"ungesetzlichen Grenzübertritts" nach § 213 StGB/DDR verurteilt worden.
Am 12.11.1979 sei er amnestiert und in die DDR entlassen worden.
Gleichzeitig sei eine Arbeitsplatzbindung angeordnet worden. Diese
Arbeit habe er verweigert, da er in einem anderen Betrieb arbeiten
wollte. Daraufhin sei er am 06.03.1980 erneut festgenommen und im
Juni 1980 durch das Kreisgericht Annaberg zu einem Jahr Freiheitsstrafe
verurteilt worden. Der Vollzug der durch die Amnestie nur auf Bewährung
ausgesetzten Reststrafe von 11 Monaten sei angeordnet worden.
Am 20.08.1981 ist er aus der Haft entlassen worden.
Die Angaben über den Beginn der Gewahrsamszeiten und das 2. Strafverfahren werden durch Informationen von dritter Seite bestätigt. Darin
wird der 23.04.1980 als Tag der Verurteilung genannt. Der Vollzug der
Reststrafe wird nicht erwähnt. Nach den Informationen der östlichen
Seite über die vorangegangene Inhaftierung soll er zunächst am
23.03.1976 zu 1 Jahr nach § 249 StGB und dann am 18.10.1978 zu einer
weiteren Freiheitsstrafe von 1 Jahr drei Monaten nach § 213 StGB
jeweils durch das Kreisgericht Annaberg verurteilt worden sein.

b.w.

Danach liegen Erkenntnisse für die Annahme eines Gewahrsams aus
politischen Gründen vor. Unbeschadet dessen obliegt die Entscheidung,
ober der Antragsteller als politischer Häftling gemäß § 1 Abs. 1
Nr. 1 HHG anerkannt werden kann, den hierfür zuständigen Behörden.

Ausschließungsgründe gemäß § 2 HHG sind hier nicht bekannt.

Im Auftrag   beglaubigt:

Hildebrand   Angestellte

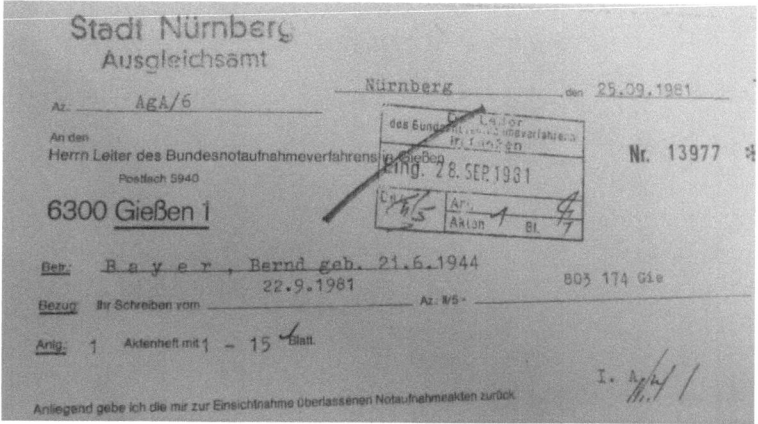

Er bekam finanzielle Unterstützung nach dem Häftlingshilfegesetz und hielt sich noch kurze Zeit in Nürnberg auf, bevor er dann ab Ende September 1981 in der Oberpfalz lebte.

Meine Schwester Elsa hat herausgefunden, dass er eine Zeitlang als LKW-Fahrer in Europa unterwegs war und dass er in seiner neuen Heimat ein Haus gebaut hat.

Ich hoffe und wünsche mir, dass er die letzten Jahre seines kurzen Lebens nicht allein verbracht hat und dass er die 5 Jahre nach der Übersiedlung das Leben trotz allem auch ein Stück weit genießen konnte.

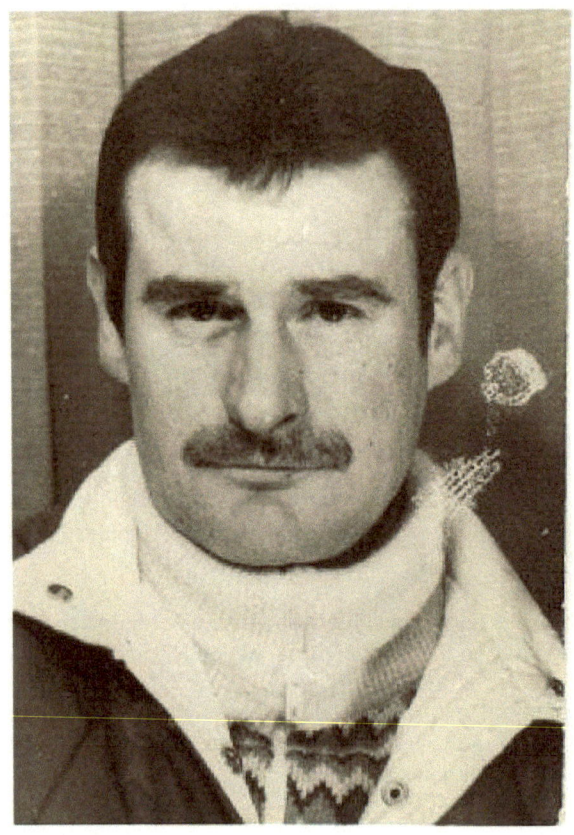

Vater Bernd kurz vor seinem Tod

Nach meinem Empfinden würde ich das Leben meines Vaters als schicksalhaft bezeichnen. Schicksalsschläge begleiteten und prägten ihn von Kindesbeinen an bis zu seinem Ende. Vaterverlust im frühen Kindesalter, politisches Schicksal, auch die Wahl seiner Partnerinnen wurde zu seinem Schicksal. So war sein Lebensende leider auch schicksalhaft und tragisch.

Er kam im Juli 1986 bei einem Verkehrsunfall in der Nähe seines Hauses ums Leben. Da war er gerade einmal 42 Jahre alt.

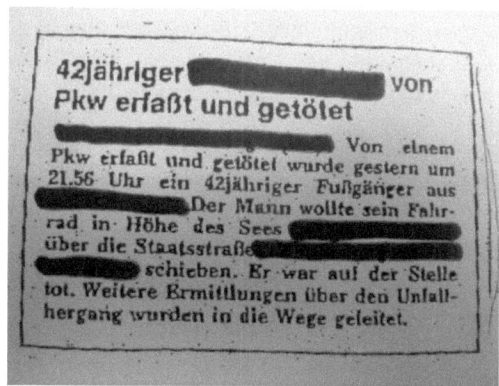

Meine Schwester Elsa und ich hatten beide die große Hoffnung, dass wir unseren Vater in der Gegenwart finden würden und treffen konnten. Als wir vom frühen Unfalltod unseres Vaters erfuhren, war (und ist) dies ein herber Schlag. All die Hoffnungen und Wünsche auf ein Sehen und Sprechen und Umarmen waren plötzlich dahin. Und es fühlt sich einfach verdammt ungerecht an.

Dieser Mann hatte es so schwer in seinem Leben gehabt, hatte all die Repressalien des DDR-Regimes überstanden und hatte es geschafft, in die BRD auszureisen. Er war in einem Alter, wo er hätte neu anfangen und ein Leben in Freiheit und Selbstbestimmung führen können.

Ich habe – nachdem ich sein Leben und sein tragisches Ableben in einem breiten Ordner gesichtet und erfahren hatte – mindestens ein halbes Jahr lang jeden Tag geweint. Ich hatte das Gefühl, mir bricht das Herz.

Heute weiß ich, dass ein Mensch tatsächlich an gebrochenem Herzen sterben kann und ich kämpfte sehr mit mir, um an dieser meiner Vatergeschichte nicht zu zerbrechen.

Ich suchte im November 2015 seinen letzten Wohnort auf und schaute mir auch die Unfallstelle und sein Haus an. Es war sehr schwer zu ertragen und ich habe viel geweint. Ich habe in der Nähe der Unfallstelle eine Kerze und sein Bild aufgestellt und habe auch bei den (familienfremden) Bewohnern des Hauses geklingelt und gefragt, ob ich ein Gedenkherz in den Garten legen darf. Sie waren einverstanden. Dafür möchte ich mich an der Stelle herzlich bedanken, es bedeutet mir sehr viel.

Schön war, dass es in dem Garten eine wunderschöne Mekong-Bobtail-Katze gibt. Vater Bernd liebte Katzen. Als ich das Gedenkherz im Garten platzierte, schaute sie mir interessiert zu. Ich schaute sie an und fragte: „Magst du die Wächterin des Herzens sein?" Ich glaube, sie war einverstanden…..

Meine Schwester Elsa schaffte es, dass unser Vater 2004 gerichtlich rehabilitiert wurde:

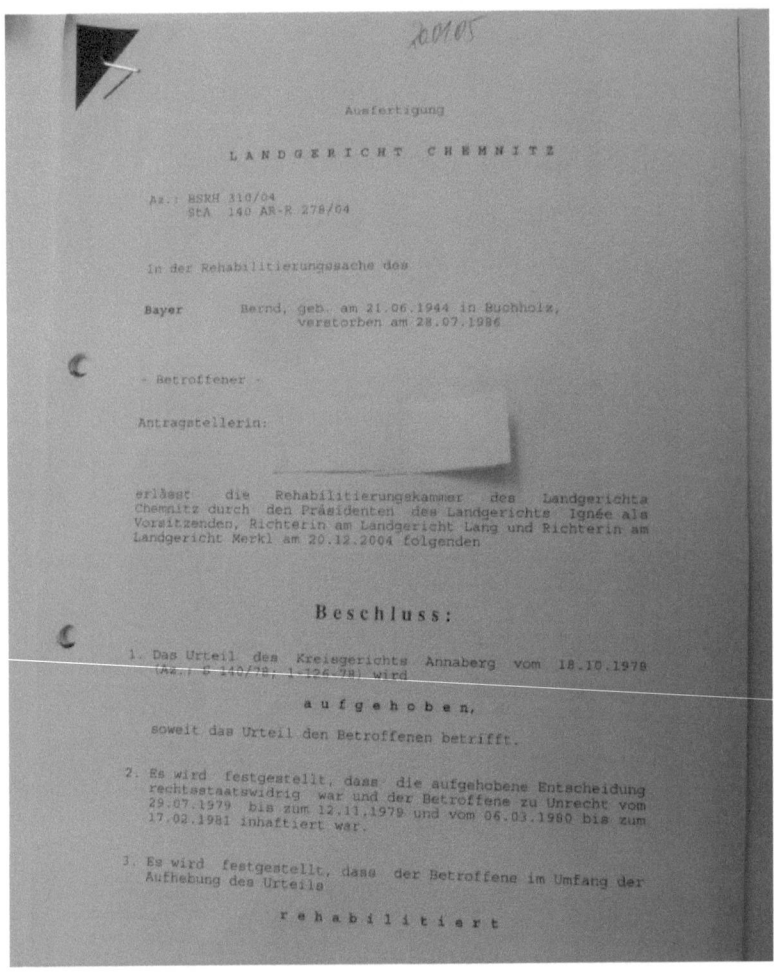

Seite 2

ist.

4. Die Antragsteller sind für die von ihm gezahlten Verfahrenskosten und notwendigen Auslagen dem Grunde nach zu entschädigen.

5. Gerichtskosten werden nicht erhoben. Die notwendigen Auslagen der Antragsteller trägt die Staatskasse.

Gründe:

I.

Das Kreisgericht Annaberg verurteilte den Betroffenen am 18.10.1978 wegen in einer Gruppe begangenen versuchten ungesetzlichen Grenzübertritt im schweren Fall zu einer Freiheitsstrafe von 1 Jahr und 3 Monaten.

Der Betroffene befand sich in dieser Sache in Haft vom 29.07.1979 bis zum 12.11.1979. Aufgrund einer Amnestie wurde die Reststrafe zur Bewährung ausgesetzt. Später verbüßte der Betroffene die Reststrafe vom 06.03.1980 bis zum 17.02.1981. Nach den Feststellungen im aufzuhebenden Urteil lag dem Betroffenen zur Last, am 24.07.1978 zusammen mit einem Mitangeklagten den Entschluss gefasst zu haben, die DDR ungesetzlich zu verlassen, um in die BRD zu gelangen. Am 25.07.1978 traf sich der Antragsteller Bayer mit seinem Mitangeklagten. Sie fuhren 15.30 Uhr von Annaberg nach Karl-Marx-Stadt. Von dort aus fuhren sie um 21.00 Uhr nach Riesa und verbrachten die Nacht vom 25. zum 26.07.1978 auf dem Bahnhof. Dort trennten die beiden sich. Der Betroffene wollte nun nicht mehr im Raum Erfurt/Eisenach versuchen über die Grenze zu gelangen, sondern im Raum Rostock. Der Betroffene fuhr zu diesem Zweck per Anhalter und gelangte bis nach Magdeburg, wo er am 28.07.1978 in einem Park auf einer Bank schlafend angetroffen, kontrolliert und festgenommen wurde.

Mit Schreiben vom 30.08.2004 beantragen die Antragsteller die Rehabilitierung des Betroffenen.

Die Staatsanwaltschaft hat den Antrag befürwortet.

II.

Der zulässige Rehabilitierungsantrag ist begründet, da die Voraussetzungen einer Rehabilitierung nach dem Gesetz über die Rehabilitierung und Entschädigung von Opfern rechts-

Seite 3

staatswidriger Strafverfolgungsmaßnahmen im Beitrittsgebiet (Strafrechtliches Rehabilitierungsgesetz – StrRehaG) vom 29.10.1992 (BGBl. I S. 1814) vorliegen.

Die aufzuhebende Entscheidung ist mit wesentlichen Grundsätzen einer freiheitlichen rechtsstaatlichen Ordnung unvereinbar, weil sie der politischen Verfolgung des Betroffenen gedient hat. Der Betroffene wurde wegen versuchten ungesetzlichen Grenzübertritt verurteilt. Es liegt somit ein Regelbeispiel für einen politisch motivierten Mißbrauch der staatlichen Strafgewalt vor, der nach § 1 Abs. 1 Ziff. 1 e StrRehaG zur Aufhebung der Entscheidung führt; Umstände, die eine Ausnahme von diesem Regelfall rechtfertigen könnten, sind nicht ersichtlich.

Ich bin so erleichtert, dass diese Rehabilitierung erfolgt ist. Elsa, danke für deine Mühe und dein Engagement!

Auch, wenn es unser Vater nicht mehr erleben konnte, ist dies ein wichtiges Signal und ein Wiederherstellen von Gerechtigkeit und Wertschätzung seiner Person gegenüber und all denen gegenüber, die so behandelt wurden.

****

Lieber Vati, Lieber Papa,

für uns bist Du ein Held und Vorbild und wir sind stolz, Deine Kinder zu sein. Und wenn eines Tages unsere Zeit gekommen ist, werden wir uns wiedersehen und für immer vereint sein und
niemand kann uns mehr trennen.

****

Kapitel 4

Die „vergessenen" Söhne

Hans Joachim

****

Neben dem Werdegang meines/unseres Vaters gibt es noch einige „Nebenschauplätze", die nicht minder tragisch waren und sind. Das Leben bzw. die Abwesenheit des Vaters hatte auch große Auswirkungen auf das Leben seiner Kinder.

Ein solches Schicksal hatte auch mein Halbbruder Hans Joachim. Er ist der Erstgeborene unseres Vaters und wurde im Januar 1964 in Anklam (Mecklenburg-Vorpommern) geboren. Seine Mutter und mein Vater müssen sich in 1963 begegnet sein, als er als Industriearbeiter aufs Land ging für zwei Jahre.

Leider gibt es über das Leben von Hans Joachim kaum Informationen und leider auch kein Foto, was ich hier einfügen könnte. Das bedaure ich sehr. Unsere Schwester Elsa hat ein bisschen was herausfinden können, was ich hier gerne niederschreiben möchte.

Hans Joachim hielt sich nur in Kinder-, Jugendheimen auf, weil sich seine Mutter aus Gründen, die ich nicht kenne, nicht um ihn kümmern konnte. Ich kann nur erahnen, wie es ihm da ergangen ist. Er scheint ein festes Zuhause mit festen Bezugspersonen nicht gekannt zu haben. Wenn ich von mir ausgehe und meiner Zeit in Heimen, dann wird er sich wahrscheinlich auch gefragt haben, warum seine Mutter und sein Vater nicht für ihn da sind und wird eine Sehnsucht nach ihnen und einem richtigen Zuhause gehabt haben.

Ein Kind, das seine Wurzeln nicht kennt und nicht spüren kann, hat es um ein Vielfaches schwerer, im Leben einen Sinn und Halt zu finden und negative Erlebnisse und Belastungen wirken viel mehr auf das seelische Befinden als bei Kindern, die wissen, wo sie hingehören und zu wem sie gehören. Diese Kinder werden hin und her geworfen wie eine Feder im Wind.

Hans Joachim absolvierte die neunte Klasse und erlernte den Beruf des Tierpflegers in Templin. Auch ich wollte ursprünglich Tierpflegerin lernen und gehe davon aus, dass Hans Joachim Tiere auch so sehr liebte wie ich. Ich bin mir sicher, dass er ein guter und liebevoller Tierpfleger war.

In den Unterlagen, die mir über das Leben unseres Vaters vorliegen, taucht Hans Joachim immer mal wieder auf - teils namentlich aufgeführt und teils allgemein erwähnt.

> auf Arbeit war, er gute Arbeitsergebnisse brachte. Der Angeklagte ist für 3 Kinder unterhaltsverpflichtet. Das eheliche Kind ist in einem Heim der Jugendhilfe untergebracht und an die 2 außerehelichen Kinder hat der Angeklagte monatlich insgesamt 105,-- Mark Unterhalt zu zahlen. Aufgrund der

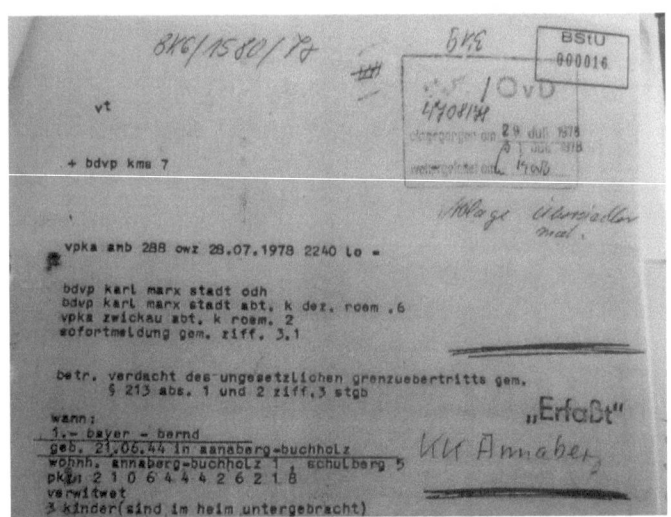

Was ich gerne und mit Erleichterung gelesen habe, war die handschriftliche Notiz seines Vaters Bernd nach der Übersiedlung, in der er Hans Joachim als sein Kind vermerkt hat.

Soviel steht fest, sein Vater hatte Hans Joachim in seinen Gedanken und hatte ihn weder vergessen noch war er ihm egal.

Hans Joachim hatte irgendwann keinen Lebensmut mehr und starb im Mai 1993 durch Suizid. Da war er gerade einmal 29 Jahre alt.

Ich kann nur erahnen, wie mutlos und verzweifelt er gewesen sein muss, dass er diesen Weg gegangen ist. Es macht mich sehr betroffen, dass auch er so früh von dieser Welt gegangen ist. Doch eines steht fest, vergessen ist er nicht, denn er findet hier in diesem Buch und in dieser Familie seinen festen Platz. Und da ich weiß, dass Botschaften, die aus dem Herzen kommen und ins Universum gesendet werden, beim Empfänger ankommen, möchte ich folgende Worte losschicken:

****

Lieber Hans Joachim,

Wir sind eine große Familie und Du bist ein Teil von ihr und wirst es immer bleiben. Leider war es nicht möglich, dass wir Geschwister uns kennenlernen. Und doch haben wir einiges gemeinsam. Wir beide haben unseren Vater ein Leben lang vermisst. Wir lieben Tiere.

Und sicherlich gibt es noch so viel mehr, was uns eint.

Es tut mir leid, was Dir geschehen ist und wie schwer Dir das Leben gewesen sein muss. Und doch hoffe ich, dass es auch schöne Momente in Deinem Leben gab.

Nun bist Du bei unserem Vater und Eure Seelen berühren sich.

Du bist nicht vergessen hier auf Erden, Du bist in meinem Herzen.

In Liebe Deine Schwester Diana

****

Ronny

****

Obwohl Hans Joachim und Ronny „nur" Halbbrüder waren und in verschiedenen Gegenden aufwuchsen, gibt es viele Parallelen in deren Leben.

Ronny wurde im Juli 1968 in Annaberg geboren und lebte wie seine Schwester Elsa bis ca. 1972 bei seinem Vater Bernd. Seine Mutter war wie bereits erwähnt 1971 an einem Krebsleiden verstorben. Da war Ronny gerade einmal 3 Jahre alt und Halbwaise. Ich vermute, dass er nicht wirklich Erinnerungen an seine Mutter hatte. Sie musste sich um mehrere bereits vorhandene Kinder kümmern und später war sie zu krank, um sich intensiv um den „Kleinen" kümmern und ihm Zuwendung geben zu können. Die Muttersehnsucht wurde sein ständiger Begleiter. So wie unser Vater seine Kinder liebte und sich verantwortlich fühlte, erhielt Ronny sicherlich eine große Portion Liebe von Vater Bernd.

Ronny hatte schon von Geburt an einen Klumpfuß und musste sich schon als kleines Kind mehreren Operationen unterziehen lassen. Dies war sicherlich schwer für ihn, da ja damals Eltern auch nicht mit ins Krankenhaus durften zur Betreuung der Kinder und Ronny so oft allein war.

Bis zur beginnenden Zwangsadoption von Elsa hielt sich Ronny ebenfalls von Montag bis Freitag im Dauerheim in Annaberg auf, wo auch Elsa war. Sie hatten sich gegenseitig als Geschwister, konnten beieinander sein und Elsa beschreibt ihren Umgang so:

„…ich habe mich dort sehr intensiv um meinen kleinen Bruder Ronny gekümmert. Ich sehe es noch ganz genau vor meinen Augen: wir großen Kinder wurden früh immer eher geweckt als die Kleinen. Wenn ich fertig war, bin ich immer ganz schnell zum Schlafsaal gelaufen, wo Ronny geschlafen hat. Sein Bettchen stand gleich an der Tür. Wenn ich die Tür öffnete, lachte mich Ronny schon so niedlich an (einfach goldig) und streckte seine Ärmchen nach mir aus. Dann habe ich ihn gewaschen und angezogen und wir verbrachten zu zweit so weit es ging den ganzen Tag im Kinderwochenheim. Ich hing sehr an meinem kleinen Bruder Ronny…"

Ronny 1971 mit 3 Jahren

Was für ein süßer Fratz! Für mich ist es mein großer Bruder und ich wäre wahrscheinlich in seinen Augen der „kleine süße Fratz" gewesen…..

Nach der Zwangsadoption von Elsa schien Ronny „verschwunden" zu sein. Es ist schwer nachvollziehbar, wie sein weiterer Werdegang war und von den Behörden, die damals Entscheidungen über sein Leben trafen, haben wir leider nur spärliche Informationen bekommen. Doch ich versuche, sein Leben anhand von Erzählungen und vorliegenden Dokumenten nachzuvollziehen. Denn auch Ronny hatte ein Leben und war auf dieser Erde präsent.

Es gab wohl einen steten Wechsel zwischen einer Heimunterbringung von Ronny und Aufenthalt bei seiner Tante. Unsere Tante Elisabeth (die ältere Schwester von Vater Bernd) bemühte sich um die Zustimmung des Amtes, Ronny aufnehmen zu dürfen, doch dies wurde abgelehnt und er wurde Tante Martha zugeteilt, die die Älteste von den vier Bayer-Kindern und selbst kinderlos war. Martha muss mit der Pflege von Ronny überfordert gewesen sein. Er bekam leider nicht die Zuwendung, Unterstützung und das Zuhause, was er gebraucht hätte. Ich mache Martha keinen Vorwurf. Sie wird so gehandelt haben, wie sie es konnte und verstand und wird vermutlich eigene Erfahrungen in die „Erziehung" eingebracht haben. Dass ein Kind in einem Heim oder bei Adoptiveltern unschöne Erfahrungen macht, ist das eine und schmerzlich, aber wenn man derartige Dinge in der eigenen leiblichen Familie erfährt, hat dies eine noch größere Dimension und Tragweite und schmerzt doppelt. Mit dieser lieblosen Behandlung hat Martha weiter „Öl in das Feuer geschüttet", das heißt auch hier fand Ronny nicht die Zuwendung und den Rückhalt, den er als Kind dringend gebraucht hätte. Ich kann mir sehr gut vorstellen, wie er sich gefühlt haben muss - im Stich gelassen von der Familie, Verwirrung über all die Abläufe, Ohnmacht, Hilflosigkeit, Angst, Unsicherheit, das Gefühl, nirgendwo hinzugehören und gewollt zu sein, Muttersehnsucht, Vatersehnsucht und sehr viel Einsamkeit. Hier spreche ich auch aus eigener Erfahrung.

Ab Juli 1977 hielt sich Ronny im Kinderdauerheim in Johanngeorgenstadt auf, wo ich auch war von August 1978 bis Oktober 1979 (siehe Kapitel Tochter Diana). Ich wusste nichts von Ronny, doch erinnere mich, dass wir uns einmal im Heim begegnet sein müssen, denn ich hatte das ganz starke Gefühl, dass wir in Verbindung miteinander stehen. Familienbande kann man nicht wirklich unterdrücken. Doch offiziell wussten wir nichts voneinander, es wurde uns nicht gesagt im Heim, dass wir Geschwister sind.

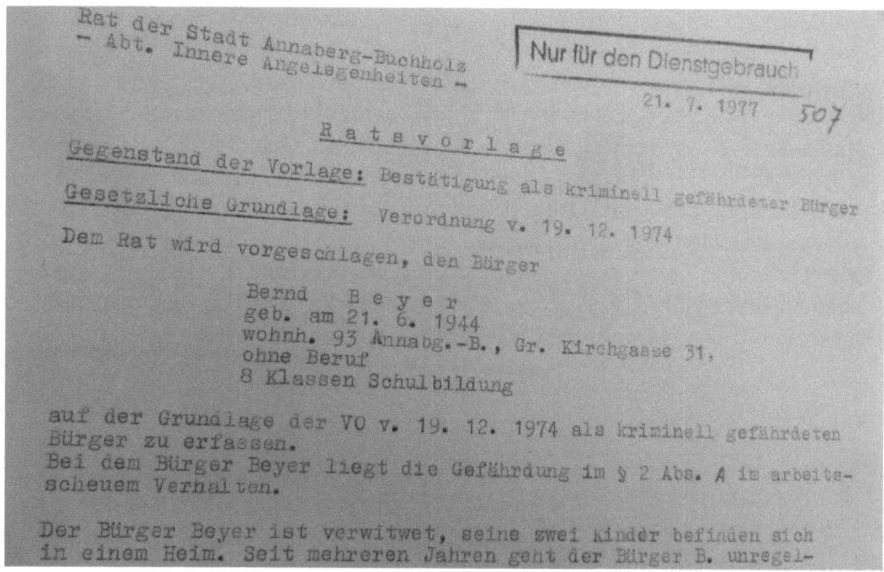

> *[handschriftliche Notiz, teilweise unleserlich]*
> Bayer Bernd ... Johanngeorgenstadt
> weiß er noch nicht wieviel u.
> zahlt, ... Kind bekommt
> die Stellung ...

> 3. Sie sind verpflichtet, den rückständigen Unterhalt für Ihr Kind
> an das Kinderheim in Johanngeorgenstadt und für das außereheliche Kind ...

> 2.8.77 Bernd Bayer

Zur Erinnerung: 1977 bis 1981 waren die Jahre, in denen sein Vater Bernd von den DDR-Behörden und der Stasi massiv denunziert, verfolgt, schlecht geredet und nach § 249 StGB der DDR und wegen versuchter Republikflucht verurteilt und eingesperrt wurde. Wie sollte er sich um seinen Sohn kümmern?? Davon abgesehen, dass es die Lebensumstände des Vaters nicht zuließen, war es bekanntermaßen Gang und Gäbe in der DDR, systemuntreuen Menschen ihre Kinder wegzunehmen und sie mit der Trennung und Entfremdung unter Druck zu setzen. Wie unmenschlich kann man sein?? Nicht nur, dass diese Trennungen einen großen seelischen Schmerz bei den Eltern verursachten, sondern die Kinder litten noch mehr darunter und erfuhren zumeist schon in sehr jungen Jahren ein Trauma mit nicht absehbaren negativen Folgen für deren Entwicklung und weiteres Leben. War dies den Ausführenden des DDR-Systems nicht bewusst oder wurde es bewusst in Kauf genommen?

> B a y e r , Bernd   Blatt 3
> 29.11.1977
> in einem Kinderdauerheim untergebracht ist, er hat mit seinem Sohn
> wieder schriftlichen Kontakt. Zu Weihnachten wird sein Sohn auf Urlaub
> nach Hause kommen.
> Bayer hat nach seinen Angaben eingesehen, daß es sinnlos ist, ohne Grund
> mit Gewalt etwas erreichen zu wollen, wozu keine Voraussetzungen gegeben
> sind.
> Zukünftig will er ordentlich arbeiten und keine Fehlschichten
> mehr verursachen.

Wie man diesem Dokument entnehmen kann, bemühte sich Vater Bernd offensichtlich zeitweise darum, zum Wohle von Ronny bei den Behörden „Schön Wetter zu machen", um Kontakt haben zu können. Doch wie aus dem Werdegang des Vaters ersichtlich ist, war dies zum Scheitern verurteilt. Und so ließen die Staatstreuen nichts aus, um den in Wirklichkeit liebevollen fürsorglichen Vater als ignoranten Erzeuger darzustellen.

> – 3 –
>
> Von der Abt. Jugendhilfe wurde festgelegt, daß das Kind so lange im Heim bleiben muß, bis sich die wirtschaftlichen und moralischen Verhältnisse bei dem Bürger Bayer gebessert haben.
>
> Wie aber ersichtlich ist, legt er keinen Wert darauf, das Kind in seinem Haushalt aufzunehmen. Das beweist einmal, daß er keiner Arbeit nachgeht, asozial lebt und die ihm zugewiesene Wohnung wieder getauscht hat.

> auf Arbeit war, er gute Arbeitsergebnisse brachte. Der Angeklagte ist für 3 Kinder unterhaltsverpflichtet. Das eheliche Kind ist in einem Heim der Jugendhilfe untergebracht und an die 2 außerehelichen Kinder hat der Angeklagte monatlich insgesamt 105,-- Mark Unterhalt zu zahlen. Aufgrund der

Im Juli 1978 versuchte Vater Bernd zu flüchten, womit er in den Augen des Systems das Recht auf seine Kinder und damit auch Ronny komplett verwirkt hatte.

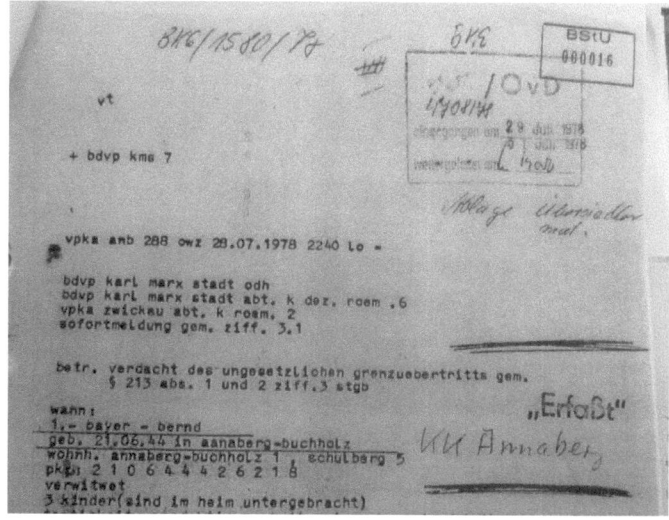

Ronny war zu diesem Zeitpunkt 10 Jahre alt und verstand mit Sicherheit nicht, was da in seinem Leben ablief.

In den folgenden Jahren laut Erzählungen muss er zwischen Tante Martha und Heim gependelt sein. Tante Elisabeth bekam irgendwann mit, wie es Ronny bei Martha ergangen war und hat die Behörden informiert. Daraufhin muss er wieder im Heim gelandet sein. Darüber habe ich keine Unterlagen vorliegen, weiß es aus Erzählungen.

Mit 18 hatte er seine eigene Wohnung in Annaberg und bekam etwas Unterstützung im Alltag von Tante Elisabeth und deren Mann. Ich bin ihr so dankbar für diese Hilfe.

Ronny hatte sich wohl auch um Unterlagen und Informationen über seinen/unseren Vater bemüht, doch hatte keinen Erfolg.

Wie man sieht, war Ronny seinem Vater sehr ähnlich. Auch er war so ein cooler Typ in Lederklamotte und groß. Auch er trug gerne einen Cowboy-Hut wie sein Vater. Ich denke, er wird ihm auch charakterlich geähnelt haben – ein sensibler Mensch mit ganz viel Herz.

In seinen letzten Lebensjahren war er Zeuge Jehovas, bei denen er leider auch keinen Halt und keine Familie fand. In seiner Wohnung hatte Ronny alles schwarz gestrichen und er hatte sich komplett in sich zurückgezogen, niemand kam mehr an ihn heran. Im August 1993 nahm Ronny sich das Leben. Sein Lebensmut und seine Lebenskraft waren erschöpft. Er war 25 Jahre alt.

Ich bin sehr betroffen und traurig, dass Ronny so ein kurzes und schweres Leben hatte. Wie viel Leid kann ein Mensch ertragen? Bemerkenswert ist, dass Hans Joachim und Ronny sich beide in 1993 für den Freitod entschieden.

Erstaunlicherweise waren meine Adoptiveltern über den Tod von Ronny informiert und erzählten mir davon. Ich wusste überhaupt nicht, von wem sie redeten und wovon sie redeten und war sehr verwirrt. Es hatte sie offensichtlich berührt.

Auch Elsas Zwangsadoptiveltern, die ihr jahrelang eingeredet hatten, dass ihr Bruder Ronny bereits verstorben wäre, eröffneten ihr plötzlich im November 1993 – drei Monate nach Ronnys Freitod – dass „Ronny noch in Annaberg leben müsste…". Auch hier schien bei den Zwangsadoptiveltern eine Gefühlsregung passiert zu sein. Muss erst ein Mensch sterben, bevor man die eigenen Fehler einsieht und den Mut hat, dazu zu stehen?!

Auch bei Ronny möchte ich nicht versäumen, ganz persönliche Worte an ihn zu richten, denn auch seine Seele lebt und ich sende ihm eine liebevolle Botschaft ganz tief aus meinem Herzen und meiner Seele.

****

Lieber Ronny!

Auf diesem Wege möchte ich Dir mitteilen, was mich in meinem Innersten zutiefst bewegt.

Ich bin traurig, dass Du so ein schweres und kurzes Leben hattest und dass wir uns nicht richtig kennenlernen konnten. Ich nehme sehr viel Anteil daran, was Du erlebt hast. Ich hoffe und wünsche mir, dass Du trotz aller Lasten auch schöne glückliche Momente hattest.

Du bist mein großer Bruder und Teil der Bayer-Familie und Teil meines Lebens.

Ich trage Dich in meinem Herzen und werde Dich ganz sicher nicht vergessen, denn wir sind immer noch verbunden.

Jetzt bist Du bei Deinen Eltern und musst sie nicht mehr vermissen.

Und vielleicht berührt Deine Seele auch die von Hans Joachim.

In Liebe Deine Schwester Diana

****

Ich schreibe seit meinem ca. 11. Lebensjahr Geschichten und Gedichte. In meinen Aufzeichnungen habe ich gesehen, dass ich im Jahr 1993 ganz besonders kreativ war und mehrere Gedichte geschrieben habe. Da familiäre Verbindungen auch bestehen, wenn man sich nicht sieht und im Kontakt ist, war ich ohne es zu wissen, vom Fühlen und dem Abschied meiner zwei Brüder inspiriert.

Ein Gedicht aus dieser Zeit möchte ich hier gerne niederschreiben. Es entstand im November 1993.

Angst

Angst vor der Zukunft
Angst, enttäuscht zu werden
Angst, dich zu verlieren und
wieder allein zu sein
mit Problemen und Sorgen

Angst, es nicht zu schaffen und unterzugehen
Angst vor der Ungewissheit in der Zukunft
und vor dem Scheitern

Angst davor, das Licht am Ende des Tunnels
nicht zu finden,
wenn mich alles erdrückt

Wer kann mir meine Angst nehmen?
Wer hilft mir, wieder Mut zu schöpfen,
wenn mir alles sinnlos erscheint?

Ich hoffe, du!

Kapitel 5

Tochter Elsa

Vaters Tochter Elsa ist auch in besonderem Maße von den Abläufen in seinem Leben betroffen. Ich schreibe ihren Werdegang anhand ihrer eigenen Aufzeichnungen nieder und hoffe, dass ich ihr gerecht werde. Vorab möchte ich sagen, dass ich sehr viel Anteil an dem Erlebten nehme und mit gelitten und mit geweint habe. Ich bin ihr zutiefst dankbar, dass sie alles niedergeschrieben und so unermüdlich recherchiert und nachgefragt hat – nicht nur ihr eigenes Leben betreffend, sondern auch das unseres Vaters und unserer Geschwister. Nur auf dieser Grundlage konnte dieses Buch erst entstehen. Hier geht es nicht nur um unsere ganz eigene Familiengeschichte, sondern auch um all die Familien da draußen, die ein ähnliches Schicksal erlebt haben und versuchen, dies zu verarbeiten und damit zurecht zu kommen. Ich hoffe und wünsche, dass diese Zeilen helfen zu verstehen und zu heilen.

Und nun zum Leben meiner Schwester.

Elsa wurde im November 1966 in Annaberg geboren. Sie war ein Frühchen und musste zunächst knapp fünf Monate im Krankenhaus bleiben, bevor sie nach Hause konnte. Ein Lebensstart mit räumlicher Distanz zu den Eltern war sicherlich schwer für die kleine Elsa. Das Verhältnis zu ihrer Mutter war von Anfang an schwierig. Die Mutter hatte in die Beziehung mit Vater Bernd bereits fünf Kinder mitgebracht, davon vier Mädchen und so konnte sie sich über ein fünftes Mädchen leider nicht freuen. Mit dieser Ablehnung leben zu müssen, war sehr hart für Elsa. Um so mehr freute sich ihr Papa über die Kleine und liebte sie sehr. Das war auch der Grund, warum er einer Freigabe zur Adoption von Elsa nicht zustimmte, die Elsas Mutter wollte. Eine Zeit lang lebte Elsa noch in einem Säuglingsheim in Karl-Marx-Stadt, da die Wohnverhältnisse (wie in den ersten Kapiteln des Buches bereits beschrieben) sehr beengt und untragbar waren für eine Großfamilie. Im April 1967 heirateten Papa Bernd und Elsas Mutter. Im Juli 1968 wurde Ronny geboren, Elsa wurde zu einer stolzen liebevollen großen Schwester und ein Segen für Ronny. 1970 erkrankte Elsas Mutter schwer an Krebs. Die Krankheit verbunden mit x Behandlungen und Krankenhausaufenthalten prägte das Familienleben und die Kinder konnten leider nicht genügend Aufmerksamkeit und Zuwendung erhalten. Vater Bernd tat sein Bestes, mit der Mehrfachbelastung (Arbeit, Kinderpflege, Pflege der Ehefrau) zurecht zu kommen. Elsa beschreibt ihn als sehr fürsorglich.

Doch trotz aller Bemühungen kam Vater an seine Belastungsgrenze und es wurde entschieden, dass die Kinder auf die Verwandtschaft und auf Heime aufgeteilt wurden. Elsa kam in ein Vorschulheim nach Johanngeorgenstadt von April bis Oktober 1970. Wo Ronny in der Zeit war, ist mir nicht bekannt. Danach, als die Situation durch die fortschreitende Krankheit der Mutter immer schwieriger wurde, entschied sich Vater Bernd schweren Herzens, die Kinder wochentags in ein Kinderwochenheim zu geben. Da hielten sich Elsa und Ronny von Montag bis Freitag auf und am Freitag holte der Vater sie mit dem LKW ab, um mit ihnen das Wochenende zu verbringen. Die Kinder freuten sich immer sehr auf den Papa. Die Wochenenden waren schön, beschreibt Elsa die Zeit.

Ich möchte ihre Beschreibung, wie sie ihren Papa in der Zeit erlebt hat, gerne wörtlich wiedergeben:

„Mein Papa war handwerklich sehr geschickt. Er bastelte sehr viel. Zum Beispiel stellte er aus Holzwagenrädern Kronleuchter her oder aus bunter Alufolie Bilder oder aus Holzklammern die schönsten Dinge. Ich saß dann immer am Tisch, wenn mein Papa wieder diese tollen Dinge bastelte.

Ich erinnere mich auch noch ganz genau, wie er ausgesehen hat. Er trug immer einen Cowboy-Hut und hatte einen Oberlippenbart. Er war sehr groß (1,90 m) und hatte schwarze Haare. Er war ein liebevoller Papa. Er tat Vieles für uns und mich. Ich liebte ihn und hatte das Gefühl gehabt, ich werde auch sehr geliebt von ihm…."

Im Dezember 1971 einen Tag vor Heilig Abend starb Elsas Mutter. Elsa war im Zimmer, als ihre Mutter den letzten Atemzug tat. Da war Elsa fünf Jahre alt und nun Halbwaise. Vater traf der Verlust seiner Frau sehr schwer. Ab diesem Tag wurde kein Weihnachten mehr gefeiert.

Der Vater hatte wie in Kapitel zwei beschrieben, bereits einen Ausreiseantrag gestellt und war also den DDR-Behörden als systemuntreuer Bürger aufgefallen. Hier beginnt seine Odyssee als politisch Verfolgter in der DDR. Die Zwangsadoption von Elsa gegen den Willen und das Wissen des Vaters wurde 1972 vorbereitet. Hierzu möchte ich noch einmal den Werdegang mit Elsas Worten wiedergeben:

„Plötzlich kam die Leiterin des Kinderwochenheimes in das Zimmer, wo sich unsere Gruppe immer beim Spielen aufgehalten hat. Sie sagte zu mir, ich sollte mir doch schnell was Gutes anziehen. Es warten Leute auf uns. Ich tat es einfach..als Kind. Dann leitete sie uns in den Büroraum.

Da saßen drei Ehepaare. Sinngemäß sagte die Leiterin, das sind Ehepaare, die dich kennenlernen wollen. Ich sollte sie ganz genau anschauen und ihr dann sagen, welches Ehepaar uns gefällt. Ehrlich gesagt, wusste ich überhaupt nicht, was ich damit anfangen sollte und warum ich das tun sollte. Ich als Kind urteilte nach dem Aussehen. Der Adoptivvater sah meinem Papa ähnlich, daher entschied ich Kind mich mit 5 Jahren für dieses Ehepaar, die später die Adoptiveltern werden sollten..."

Weiter beschrieb Elsa, dass sie ab und zu bei diesem Ehepaar war – in der Woche, wo der Vater nichts davon mitbekam – die sogenannten Eingewöhnungstage. Das Ganze gipfelte dann nach einiger Zeit mit der Entführung – wie es Elsa zutreffend nannte, bei der sie gegen ihren Willen und gegen den Willen des Vaters aus dem Heim in das Leben der Zwangsadoptionseltern katapultiert wurde. Dies geschah an einem Freitag im Frühsommer 1973 am späten Vormittag und sie beschrieb dies so:

„Ich wartete schon, dass mein Papa uns wieder abholt. Die Vorfreude war wie immer sehr groß. Ich weiß noch, dass ich im Sandkasten spielte und es waren noch viele Kinder da. Plötzlich kamen in großer Eile unsere Erzieherin und die Leiterin zu uns und sagten sinngemäß „Schnell kommt. Eure Sachen sind schon gepackt, es kann losgehen." Eigentlich war es so, dass ich mit dem Papa zusammen die Sachen gepackt habe, wenn er uns geholt hat. ...Ich ging ins Haus und sah meine Tasche schon im Hausflur stehen. Das kam mir komisch vor. Im Hausflur befand sich eine kleine Toilette. Die Leiterin öffnete die Haustür und ich sah vorm Haus den Trabant der zukünftigen Adoptiveltern und diese am Gartentor stehen. Sie riefen sinngemäß „Wir holen dich ab." Plötzlich wurde mir klar, das kann nicht richtig sein, was hier passiert. Ich rannte sofort in die kleine Toilette und schloss mich ein. Sie riefen mir zu, ich solle mich beeilen, die Zeit dränge. ‚Ich warte, bis Papa kommt.' waren meine Gedanken. Personen versuchten, die Toilette zu öffnen, doch sie schafften es nicht. Ich weiß nicht, wie lange ich in dieser Toilette war. Nach einiger Zeit merkte ich, dass ich Hunger bekam. Was sollte ich tun? Ich gab auf. Ich öffnete die Toilettentür und ging ganz langsam zu den zukünftigen Adoptiveltern. Auf dem Weg fiel mir ein ‚wenn ich mir jetzt ordentlich in die Hose mache, nehmen sie mich nicht mit.' Auf der Stelle machte ich ein großes und ein kleines Geschäft in die Hose und ging so zu denen. Nun wartete ich in großer Hoffnung darauf, dass sie sagen: „du kommst nicht mit, weil du in die Hose gemacht hast." Denkste. Die Adoptivmutter sagte, dass ich mich hinten auf den Autoboden setzen sollte. Daraufhin habe ich so geweint. Absolute Verzweiflung und Angst in mir. „Ich will nicht, ich will zum Papa!" schrie ich

immer wieder. Dann fuhren wir weg vom Kinderwochenheim. Später drehte sich die Adoptivmutter um und sagte, dass sie jetzt meine Eltern sind und dass ich jetzt Mutter und Vater zu denen sagen sollte. Das habe ich damals überhaupt nicht verstanden. Ich habe lange gebraucht, um zu denen Mutter und Vater zu sagen. Wir fuhren und fuhren. Dann sagte die Adoptivmutter…"Wir fahren in den Urlaub." (Die Fahrt ging nach Kühlungsborn.) Danach zu denen nach Hause, welches mein neues Zuhause wäre. Ich weiß noch, dass ich darauf gesagt habe, dass mein Zuhause beim Papa ist. Sie erwiderte mit den Worten: „Du wirst deinen Vater nie mehr sehen." Das war zu viel für mich, meine Welt brach zusammen. Es gibt Bilder von mir vom „Urlaub" in Kühlungsborn. Man sieht mich sehr sehr viel weinen…"

Als meine Schwester Elsa 1994 ihre Großmutter mütterlicherseits treffen und sprechen konnte, erfuhr sie, was im Hintergrund dieser Entführung und Zwangsadoption passiert war. Ich möchte die Vorgänge mit den Worten der Oma bzw. Elsas Beschreibung wiedergeben:

(Oma:) *„Dein Papa wollte euch nie zur Adoption freigeben und hat es auch nicht. (Unter Tränen redet Oma weiter.) Euer Vater wollte nach dem Tod eurer Mutter mit euch in die BRD auswandern. Er beantragte die Ausreise und war von da an im Visier der Stasi. Immer wieder haben sie ihm nahe gelegt, den Antrag auf Ausreise zurück zu nehmen, ansonsten müssten sie Maßnahmen einleiten, denn er hätte ja auch eine Verantwortung gegenüber seinen Kindern, die bei ihm zu Hause leben würden…*

(Elsa:) *Mein Papa hielt an dem Ausreiseantrag fest. Eines Tages kam die Stasi zu ihr (Oma) ins Haus. Oma setzte sich gleich an den Küchentisch, was sie immer tat. Die zwei Männer von der Stasi hatten ein Schriftstück in der Hand. Sie legten es vor ihr auf den Tisch und sagten, sie solle das Schreiben unterschreiben, weil der Schwiegersohn (also mein Papa) sich absolut weigerte, es zu unterschreiben. Plötzlich stand ein Stasi-Mann rechts und der andere links von ihr. Oma saß. Beide Männer zogen ihre Waffen und hielten ihr diese jeweils rechts und links an die Schläfe und forderten sie auf, das Schreiben mit dem Namen des Vaters also Bernd Bayer, sonst würden sie abdrücken.*

Was würde jeder von uns tun in so einer Situation und wenn man an seinem Leben hängt und es liebt? Natürlich unterschreiben. Sie musste die

Unterschrift ein paar Mal üben, bis sie fast genauso aussah wie die Unterschrift von meinem Papa. Oma unterschrieb die Erklärung zur Freigabe zur Adoption.

Während der ganzen Erzählung drückte es mich immer tiefer in das Sofa, ich saß da völlig geschockt. Unglaublich, was ich da hören musste! Ich war sprachlos. Ein paar Minuten später fragte ich meine Oma, wie mein Papa reagiert hat, als er am Kinderwochenheim ankam und ich nicht da war. Oma erzählte mir, dass mein Papa vollkommen ausgeflippt ist mit dem LKW auf den Markt von Annaberg-Buchholz gefahren sei und ganz laut immer wieder geschrien hat:

„DIE STASI HAT MEIN KIND WEGGENOMMEN!!!"

„Danach sagte Oma immer wieder unter Tränen, dass sie es nicht wollte, aber musste. Ich sagte ihr, dass ich es vollkommen verstehen kann, dass sie so reagiert und gehandelt hat und dass mein Papa ein wunderbarer Vater war...."

Wer sollte der Oma einen Vorwurf machen?! Niemand. Und doch hatte sie viele Jahre lang Schuldgefühle. Das Ergebnis dieses Vorfalls und der Zwangsadoption war: eine übergriffig und für Elsa eine traumatisierende Trennung der Tochter vom geliebten Vater, Nötigung bei fremden Leuten zu leben, wo sie gar nicht leben wollte, ein verzweifelter ohnmächtiger wütender Vater, dem sein Kind gestohlen wurde, eine traumatisierte Oma, die unter Schuldgefühlen litt. Und warum das alles?

Weil ein Mann das DDR-System nicht gut und lebenswert fand und das ehrlich äußerte und die Ausführenden des Systems dies nicht akzeptieren konnten und wollten und weil ein linientreues Paar keine eigenen Kinder haben konnte und davon überzeugt war, dass es das Recht hat, sich ein fremdes Kind anzueignen. Was für ein unmenschlicher rücksichtsloser respektloser Vorgang! Durch ein derartiges Agieren des DDR-Apparates wurden unzählige Familien – ich nenne es – gesprengt und unermessliches menschliches Leid hervorgerufen.

Im April 1974 wurde Elsa offiziell rechtlich (zwangs)adoptiert.

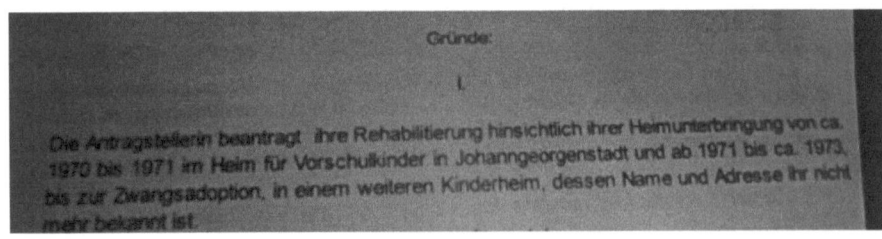

Ab dem Tag war Ronny das „einzige" eheliche Kind von unserem Vater. Aber auch Ronny hielt sich nicht mehr beim Vater auf, da er in ein Heim kam.

1974 wurde Elsa eingeschult.

Später machte Elsa eine Ausbildung und lebte in Sachsen und zog noch einmal später nach Bayern, wodurch wir Halbschwestern uns 2015 treffen konnten und ich von ihrem Leben und dem Leben unseres Vaters erfahren konnte. Elsa recherchierte seit 1995 unermüdlich und trug unglaublich viele Informationen über unseren Vater, unsere Geschwister und ihren eigenen Werdegang zusammen.

Während ich von ihrem Erlebten hörte, fragte ich mich immer wieder, warum Zwangsadoptionen möglich waren und was das für Menschen waren/sind, die fremde Kinder zwangsweise und ohne eine Notwendigkeit für die Kinder in ihr Leben holten. Hierzu möchte ich Elsa zitieren, die den Versuch, Antworten von ihren Zwangsadoptiveltern zu offenen Fragen zu bekommen, niedergeschrieben hat.

„Meine Adoptivmutter ist 1933 und mein Adoptivvater 1934 geboren. Sie konnten keine eigenen Kinder bekommen. Als sie uns adoptierten, waren alle beide schon 40 Jahre, auch schon zu alt für eine offizielle Adoption in der ehem. DDR. Aber durch die sehr gute Position meines Adoptivvaters als „vorsitzender der SED an der Uni.." war er mehr als staatstreu und dadurch haben sie eine Zwangsadoption bekommen. Damit haben sie aber soviel zerstört. Und sie wussten von Anfang an, was Sache ist, bewusst und haben gewusst, was da mit der Adoption passierte, nicht rechtens ist und war. Aber dies war für sie vollkommen egal, Hauptsache Kinder. Und ich fragte mich immer wieder als Kind und Jugendliche, wieso können die Adoptiveltern so oft im Intershop (war ein Laden, wo es Artikel aller Art aus der BRD gab) einkaufen gehen....."

Die Zwangsadoptiveltern erhielten von Vater Bernd auch noch die Halbwaisenrente, die Elsa zustand.

„Durch eine Adoption wurden mir jegliche Rechte, was meine leibliche Familie angeht, genommen.

1997 kam es zu einem Gespräch zwischen Elsa und den Zwangsadoptiveltern. Elsa wollte Antworten auf ihre tausend Fragen, die sie umtrieben. Die Begegnung schildert sie so:

"….ich ging mit meinen gesammelten Werken zu ihnen hin. Die Atmosphäre war eiskalt. Egal, ich will ja nur Antworten auf meine Fragen. Ich legte den Ordner mitten auf den Tisch. Sie fragten mich, was das für ein Ordner sei. Ich sagte, dies sind Unterlagen von meinem Papa und erwähnte, dass ich Dinge gelesen habe, wo ich sie bitte, mir zu den unklaren Sachverhalten eine wahre Antwort zu geben. Als erster Satz von der Adoptivmutter kam: Wir haben nichts dazu zu sagen. …ich stellte die wichtige Frage: Was wisst ihr von meinem Papa und wie lange habt ihr zu ihm noch Kontakt gehabt? Ohhhh, diese Frage war die zentrale Frage, so wie sie jetzt reagiert haben. Sie brüllten umher, dass Papa ein Assi war und die Kinder nicht richtig ernähren konnte…und vieles mehr. Ich sagte ganz ruhig, dass es gelogen ist. …jetzt flogen nur noch Beschimpfungen der übelsten Art mir gegenüber. Ich dachte mir so, getroffene Hunde bellen. Ich verließ die Wohnung…"

In 2009 kam es zu einem weiteren Zusammentreffen zwischen Elsa und den Zwangsadoptiveltern, was sie wie folgt beschreibt:

"…in einem Schrei-Gespräch (sagten sie) ich würde das alles in meinem kranken Hirn erfinden. Ich gehöre in die Klappsmühle. Als letztes bat ich sie, die Adoption…zu annullieren. Ich will nicht mehr mit denen verbunden sein. Wortlos verließ ich die Wohnung."

Leider war ein vernünftiges Gespräch zwischen ihnen nicht möglich. Was hätten die Zwangsadoptiveltern auch sagen sollen? Durch welche Worte hätten sie das, was sie durch ihr Verhalten angerichtet haben, erklären sollen?? Wenn man einmal anfängt, ein Lügenkonstrukt aufzubauen, kann man damit nicht mehr aufhören. Sobald ein Teil nicht mehr hineinpasst, fällt das ganze Konstrukt laut krachend in sich zusammen. Die Adoptiveltern hatten sich einen eigenen Käfig gebaut, aus dem sie nicht mehr herauskamen. Und sie mussten schreien, um ihre innere Stimme zu übertönen. Ich wünschte, die Adoptiveltern hätten es wenigstens ansatzweise geschafft, sich zu entschuldigen oder ihr Bedauern auszudrücken – für das Seelenheil von Elsa aber noch viel wichtiger für ihr eigenes Seelenheil.

Erschwerend kam hinzu, dass Elsa insbesondere die Adoptivmutter als eine hartherzige kalte gewalttätige Frau empfunden und erlebt hat und dies ihr Gefühl, am völlig falschen Platz zu sein noch immens verstärkt hat. Elsa hatte den Eindruck, dass die Zwangsadoptivmutter überfordert war. Der Zwangsadoptivvater hielt sich im Hintergrund.

Auch was Ronny anging, haben die Zwangsadoptiveltern einen weiteren gravierenden Fehler gemacht und sagten Elsa, dass dieser als Kind bei einer weiteren Fuß-OP gestorben wäre. Erst im Herbst 1993, als Ronny durch Suizid bereits drei Monate tot war, eröffneten sie Elsa, dass Ronny noch lebt. Leider kam diese Information ein Vierteljahr zu spät. Vielleicht hätte Elsa Ronny helfen und ihn Lebensmut zurückgeben können.

Elsa beschreibt die Situation, in der sie vom Verbleib von Ronny erfuhr, so:

„Es ist der…27. Geburtstag. Mitten im Kaffeetrinken in der Wohnung der Adoptionseltern sagte meine Adoptivmutter plötzlich dieses: …dein Bruder Ronny müsste noch in Annaberg-Buchholz leben. Ich weiß nur noch eins, als sie dies sagte, dass ich sofort die Wohnung verlassen musste, damit kein Unglück passiert. Es kamen mit einem Mal alles hoch – die Wut, der Hass, Abscheu ihr gegenüber und den Adoptiveltern. Jahrelang haben sie mich so belogen…ich fragte mich auch sofort, woher wissen die Adoptionseltern das (dass Ronny in Annaberg lebte) *?!?!"*

Diese Eröffnung der Adoptivmutter löste Elsas unermüdliche konsequente Suche nach ihren Wurzeln, ihrer leiblichen Familie, der Wahrheit aus.

Und anerkennend kann ich sagen, dass sie dies geschafft hat. Sie hat die Wahrheit herausgefunden und diese findet nun in diesem Buch ihren Platz.

Sie ist für mich eine wahre Heldin und hat so viel von ihrem Papa: Herz, Stärke, Gerechtigkeitssinn und unendlich viel Mut! Ich bin mir ganz sicher, er wäre unendlich stolz auf sie!

Kapitel 6

Zwangsadoption, Säuglingstod und Zwillingstrennung im DDR-Regime

Der Fall von Zwangsadoption bei meiner Schwester ist nur einer von vielen. Eine genaue Zahl ist nicht so einfach ermittelbar. Laut der Sendung von Planet Wissen – Zwangsadoption in der DDR vom Februar 2015, in der Katrin Behr über ihren Fall spricht - eine von Zwangsadoption Betroffene, die heute sehr aktiv in der Beratung und öffentlichen Aufklärung zum Thema ist - wurden folgende Zahlen genannt:

Wie schon in den vorherigen Kapiteln dieses Buches aufgeführt, gab es in der DDR den § 249 StGB der DDR, der unbescholtene Bürger als asozial abstempelte und dem System Tür und Tor für Willkür öffnete. Es handelte sich um einen Gummiparagraphen, der sehr dehnbar war. Der Begriff „asozial" ließ leider sehr viel Raum für Interpretationen, Auslegungen und Willkür. Laut Planet Wissen sollen ca. 130.000 Menschen nach diesem Paragraphen verurteilt worden sein. Adoptionen in der DDR werden ca. 75.000 benannt im Zeitraum 1950 – 1991 und es wird davon ausgegangen, dass davon 9% nicht mit der Adoption einverstanden waren – wären ca. 7.000 Betroffene, bei denen man von einer Zwangsadoption spricht.

Nach meinem Gefühl erscheinen mir die Zahlen zu niedrig, ich glaube, die Dunkelziffer liegt sehr viel höher, da ja häufig die „Zustimmung" der Eltern zur Adoption auch gewaltsam geholt wurde. Ich möchte sogar behaupten, dass die Mehrzahl der in der DDR vorgenommenen Adoptionen nicht mit der freiwilligen Zustimmung der Eltern(-teile) erfolgte. Ich bin sehr erstaunt, wie viele kinderlose systemtreue Paare es gab, die Bedarf an fremden Kindern hatten. Kinder wurden vom DDR-Staat wie Staatseigentum behandelt und gesehen – wie gefühllose Gegenstände, die man hin und her schieben konnte, wie es gerade passte.

Hohe Funktionäre wie z.B. Margot Honecker als die Volksbildungsministerin konnten nach der Wende leider nicht zur Verantwortung gezogen werden für die Zwangsadoptionen, u.a. da die BRD das DDR-Recht bei der Wiedervereinigung anerkannt hat. Damit waren und sind Zwangsadoptionen rechtlich gesehen nicht illegal*.

(*Quelle: Planet Wissen – Zwangsadoption in der DDR)

In den 70er Jahren hat der „Spiegel" das Thema Zwangsadoption aufgegriffen und veröffentlicht, was ziemlich hohe Wellen schlug. So wurde das Thema auch politisch im Bundestag ein Thema und wurde kontrovers diskutiert. Doch letztendlich wurde es zur Wahrung der Deutsch-Deutschen Beziehung und weil man von relativ geringen Zahlen ausging, wieder gedeckelt und die Interessen und Nöte der von Zwangsadoption Betroffenen (Eltern und Kinder) gerieten wieder in den Hintergrund.

Das Tragische ist, dass auf Grund des bundesdeutschen Adoptionsrechtes bestohlene Eltern nicht das Recht auf Auskunft haben. Hier wird die Adoptionsfamilie geschützt. Und erschwerend kommt hinzu, dass auch heute noch Sachbearbeiter*innen der in der DDR zuständigen Ämter genau auf diesen Positionen sitzen und es in deren Ermessen liegt, Informationen zu geben oder nicht. Man kann sich ausmalen, dass ein Teil nicht daran interessiert ist, zur Aufklärung beizutragen, weil dem einen oder anderen sicherlich klar ist, dass hier etwas wider jeglicher Menschlichkeit und Moral geschehen ist mit gravierenden Auswirkungen für die betroffenen Eltern und Kinder. An der Stelle möchte ich aus eigener Erfahrung einfügen, dass ich beides erlebt habe bei meiner Familiensuche. Ich hatte mit Sachbearbeitern zu tun, die mir umfangreiche klärende Infos gegeben haben und mir somit sehr geholfen haben – auch emotional – und ich hatte mit Sachbearbeitern zu tun, die sich hinter dem Datenschutz versteckten und geblockt haben. Dies ist für einen Betroffenen wie mich erneut ein „Schlag ins Gesicht" und erzeugt wieder ein Gefühl der Hilflosigkeit und Ohnmacht und macht auch wütend.

Was zwangsadoptierte Kinder auch emotional belastet, ist ein schwer auszuhaltender Loyalitätskonflikt. Einerseits sind die Kinder zurecht an ihren Wurzeln interessiert. Dies ist notwendig für die eigene Identität und um ein stabiles Leben führen zu können. Andererseits sind die Adoptiveltern trotz erzwungener Zusammenführung auch Bezugspersonen für die Kinder und die Kinder wollen sie meist nicht verletzen, indem sie Fragen nach der Herkunft stellen und ihre Herkunft erfahren wollen. Was für ein innerer Zwist, was für eine Zerrissenheit! Noch schlimmer ist es für die Kinder, wenn die Adoptiveltern die leiblichen Eltern schlecht reden. Dies untergräbt die Persönlichkeit des Kindes und hinterlässt tiefe emotionale Spuren.

Dass Zwangsadoptionen rechtlich nicht angreifbar sind, bedeutet natürlich nicht und es steht außer Frage, dass diese Vorgänge moralisch und menschlich absolut verwerflich sind.

Erst in 1991 beschäftigte sich eine Clearingstelle in Berlin wieder damit. Damals wurden einige Fälle bekannt, wo hauptsächlich jungen alleinstehenden Frauen in der DDR auf Grund einer Verurteilung nach § 249 StGB der DDR die Kinder zwangsweise und ohne deren Zustimmung entzogen wurden. Dies wurde in dem Bericht der Clearingstelle niedergeschrieben.

Doch nicht nur Alleinstehenden ist dieses Schicksal wiederfahren, sondern, wie die Geschichte meiner Familie/meines Vaters verdeutlicht, auch Menschen, die sich kritisch über die DDR äußerten, nicht mit der sozialistischen Welle mitschwammen, die Ausreise beantragt hatten. Der zwangsweise Entzug der Kinder war ein übliches Mittel, um „Staatsfeinden" zu schaden und kinderlosen Systemtreuen Familienzuwachs zu bescheren.

Ich bin froh, dass dieses Thema in den Medien nicht mehr tabuisiert wird. Es kommen immer mehr Lebensgeschichten, in denen eine Zwangsadoption vorgekommen ist, ans Tageslicht und es gibt Initiativen, die sich mit der Bekanntmachung der Vorgänge und der Aufarbeitung beschäftigen und hier eine immens wichtige wertvolle Hilfe leisten.

Hier möchte ich noch einmal Katrin Behr nennen, die sich hier zusammen mit vielen anderen Betroffenen und Engagierten für eine öffentliche Wahrnehmung und Aufarbeitung einsetzt. Es gibt mehrere Webseiten, die das Thema Zwangsadoption und verwandte Themen behandelt, konkrete Hinweise zur Suche nach Familienangehörigen gibt. (Siehe hierzu Anhang: Bücherempfehlung und hilfreiche Webseiten).

Der Verein „Hilfe für die Opfer von DDR-Zwangsadoptionen" setzt sich dafür ein, dass nachgewiesene Zwangsadoptionen auch eine rechtliche Konsequenz haben. Sie sagen: „..Wenn eine strafrechtliche Rehabilitierung des Elternteils geschehen ist, wäre es folgerichtig, auch sämtliche Urteile wie Sorgerechtsentzug, Freigabe der Adoption durch den Staat und natürlich die erfolgte Adoption aufzuheben...."

Ich bin ganz ihrer Meinung. Ich wünsche mir auch, dass es rechtlich möglich wird, dass auf Wunsch betroffener zwangsadoptierter Kinder die Zwangsadoption rechtlich wieder rückgängig gemacht werden kann und dadurch ein Stück weit Gerechtigkeit wieder hergestellt werden kann und die Kinder offiziell wieder ihren Herkunftsfamilien zugeordnet werden können. Das ist auch moralisch gesehen in meinen Augen ein ganz wichtiger entscheidender Aspekt in der Aufarbeitung des geschehenen Unrechts.

Doch es gibt bereits gute Schritte, die im Rechtssystem bereits gegangen wurden und ein guter Anfang sind. Am 29.11.2019 ist das *„Gesetz zur Verbesserung rehabilitierungsrechtlicher Vorschriften für Opfer der politischen Verfolgung in der ehemaligen DDR und zur Änderung des Adoptionsvermittlungsgesetzes"* in Kraft getreten. Dieses hat gesetzliche Antragsfristen für die Rehabilitierung von Betroffenen aufgehoben, so dass auch aktuell weiterhin Anträge gestellt werden können. Neben weiteren Maßnahmen wurde ein Forschungsprojekt „Zwangsadoptionen in der DDR" geschaffen, wodurch die Akten zu den Fällen nicht mehr nach einer bestimmten Aufbewahrungsfrist vernichtet werden dürfen.

Auch **ungeklärte Fälle von Säuglingstod** ebenfalls im Zusammenhang mit Zwangsadoptionen sind ein Thema, über das gesprochen werden muss. Auch hier gibt es keine genaue nachgewiesene Zahl von mysteriösen Todesfällen von Neugeborenen in der DDR. Man geht von Tausenden Fällen aus. Auch hier empfinde ich die Zahl als zu gering. Die Dunkelziffer liegt vermutlich weit höher.

Mittlerweile gibt es glücklicherweise zahlreiche Lebens- und Erfahrungsberichte von betroffenen Eltern, die bereits ihr ganzes Leben lang das Gefühl haben, dass mit dem „Tod" ihres Kindes/ihrer Kinder etwas nicht stimmt und das angebliche Ableben keineswegs zu ihrem Instinkt passt, der sagt, dass das Kind noch lebt.

Jeder Vorfall ist eine individuelle Geschichte, doch es gibt Muster und Abläufe, die immer wieder bei den Geschichten auftauchen.

So bekamen Mütter/Eltern ihre angeblich toten Babys nicht zu sehen, Obduktionsberichte widersprechen Geburtsscheinen, Bestattungsorte sind unbekannt.* Gebärende bekamen (Voll-)Narkose und mussten nicht selten noch unter dessen Wirkung stehend Dokumente unterschreiben, in denen sie auf die Rechte an dem Kind verzichteten. Ihnen war in dem Moment nicht klar, was sie da unterschrieben. Oft waren junge (alleinstehende) Mütter betroffen, die sich nicht trauten, etwas zu sagen oder zu fragen, wenn ihnen etwas komisch und widersprüchlich vorkam. Wer sollte es ihnen verdenken? Wie sollten sie gegen so ein ausgeklügeltes System ankommen?

Gerade noch gesunde Kinder hatten plötzlich schwerwiegende gesundheitliche Probleme, die zum Tod führten. Zukünftige Adoptiveltern sollen teils sogar bereits auf den Krankenhausgängen gewartet haben, während die leiblichen Eltern/leibliche

(*Quelle: Artikel Volksstimme vom 07.09.2019 „Stahl die DDR Müttern ihre Babys?")

Mutter die Welt nicht mehr verstanden hinsichtlich der Dinge, die da in ihrem und im Leben ihrer Kinder passierten.

Selbst nicht politisch aufgefallene Menschen ereilte dieses Schicksal, was meinen Eindruck bestätigt, dass es hier ein systematisches Vorgehen gab und die bereits bekannten Fälle kein Einzelfall sind.

Auch wurden **Zwillinge** (Gemini) nicht selten gleich nach der Geburt getrennt. Auch hier häufen sich Vorkommnisse und Abläufe, wenn man die Lebensgeschichten Betroffener liest.

Vor Jahrzehnten war es nicht üblich, dass man Ultraschallaufnahmen vom ungeborenen Kind im Mutterleib machte. So bemerkte man erst bei der Geburt, dass Zwillinge unterwegs waren. Diese Unwissenheit der Mutter wurde offensichtlich ausgenutzt, um einen Zwilling wegzunehmen und für tot zu erklären. Hier waren die Verantwortlichen nicht zimperlich mit den „Krankheiten", die das Kind angeblich hatte. Was für ein Horrorszenario, was für ein Schock für die Mütter/Eltern! Auch hier sollten Narkotika eine Rolle spielen und die Mütter ruhigstellen und beeinflussbar machen. Es wurden auch Geburtsdaten geändert, um Zwillinge auch auf dem Papier zu trennen.

Und so wurden Zwillinge getrennt, wuchsen in verschiedenen Familien auf und hatten/haben ein Leben lang das Gefühl, dass ihnen in ihrem Leben etwas ganz Wichtiges fehlt – ihre zweite Hälfte, die sie in ihrem Leben brauchen, um sich ganz und stark zu fühlen. Doch ein Zwillingsband kann man nicht trennen und so möchte ich all die Menschen ermutigen, die das Gefühl haben, nicht allein geboren worden zu sein, ihrem inneren Gefühl zu vertrauen und auf die Suche zu gehen. Es lohnt sich!

Mein persönliches Fazit:

Die beschriebenen Vorgänge sind kein Einzelfall. Es gibt nach meiner Einschätzung eine sehr hohe Zahl an Kinderdiebstahl zwecks Zwangsadoption und macht den Eindruck einer Regelmäßigkeit und systematischen Vorgehensweise, die schockiert und sprachlos macht. Und diese Fälle müssen anerkannt und aufgearbeitet werden, denn es geht hier um Menschen, deren Lebensqualität und deren Lebensgefühl. Und es geht um Wertschätzung: der Mensch ist keine Ware, sondern ein fühlendes Wesen, das Respekt und Achtung verdient hat. Kein System, kein Mensch hat das Recht, anderen ihre Würde zu nehmen.

Kapitel 7

Tochter Diana

Ich wurde im Februar 1975 in Annaberg-Buchholz geboren und lebte bei meiner leiblichen Mutter in der Nähe der schönen St. Annenkirche zusammen mit meinem älteren Bruder mütterlicherseits Kai, der 1970 geboren wurde. An meinen Vater Bernd kann ich mich auf Grund meines Alters nicht mehr erinnern, aber er muss zu diesem Zeitpunkt auch noch mit meiner Mutter zusammengelebt haben. Kai hatte mir von meinem Vater im Erwachsenenalter erzählt und seine Worte zu hören, tat mir gut. Er mochte meinen Vater, der nicht sein eigener war und beschrieb ihn als fürsorglichen Vater.

Kai und ich – mein einziges Babyfoto

Zur Erinnerung: in 1974 wurde meine Schwester väterlicherseits Elsa zwangsadoptiert und meinem Vater weggenommen. 1976 stellte er zum wiederholten Male einen Antrag auf Ausreise aus der DDR und wurde von da an vom DDR-System schikaniert und als Mensch demontiert.

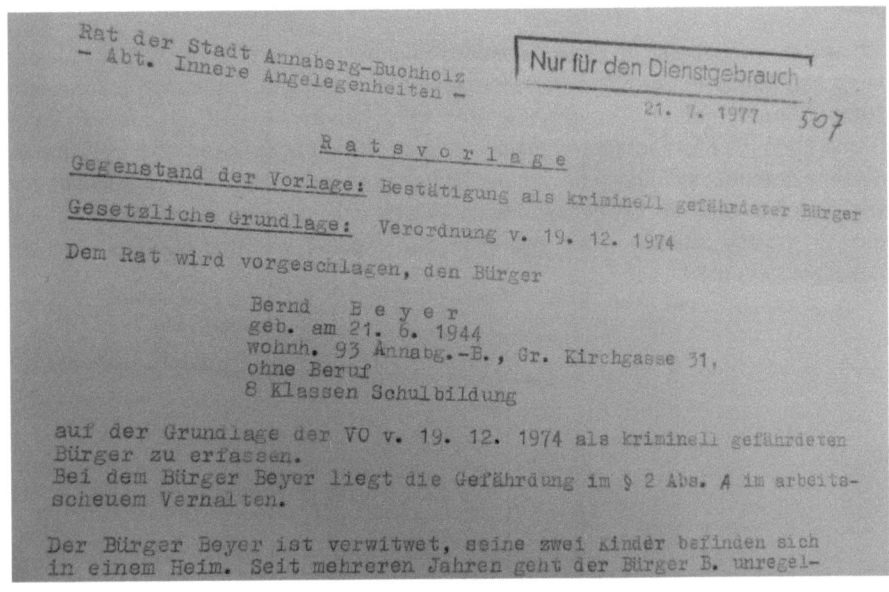

(Zwei Kinder: Ronny und ich)

Ich besuchte die Kinderkrippe und später einen Kindergarten, in dem ich jedoch nicht oft war. Dies war bis ca. Mitte August 1978.

Dies war der Zeitraum, in dem mein Vater kurz vorher einen Fluchtversuch unternommen hatte und seit Juli 1978 bis 12.11.1979 durchgängig aus politischen Gründen inhaftiert war.

Ronny, Hans Joachim und ich

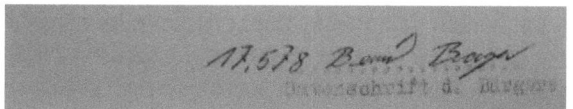

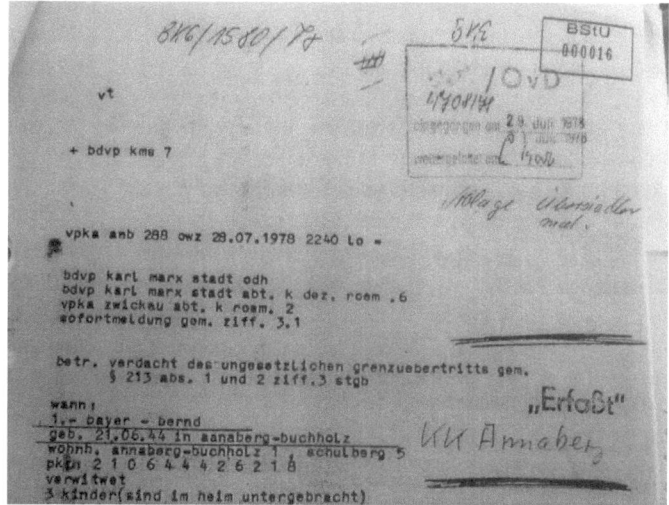

(Drei Kinder: Hans Joachim, Ronny und ich)

Am 18.08.1978 passierte in meinem Leben ein einschneidendes und traumatisierendes Ereignis, was ich heute noch deutlich vor Augen habe. Es war Sommer und wir waren im Garten. Plötzlich ging alles ganz schnell. Zwei Männer, die ich nicht kannte, forderten mich auf mitzukommen. Ich war ca. 3,5 Jahre alt und verstand überhaupt nicht, warum ich mitgehen sollte. Meine Mutter streichelte mir kurz über den Kopf und sagte: „Sei lieb." Ich wunderte mich, da ich doch lieb war und nichts Böses gemacht hatte. Dann nahm mich einer der fremden Männer am Arm und warf mich fast in einen Wartburg (ich glaube, der war so hässlich ockerfarben) auf die Rücksitzbank. Ich war so klein und schmal, dass ich in dem Sitz fast verschwand. Ich hatte eine Wahnsinnsangst und sagte kein Wort und war total eingeschüchtert. Ich schaute mir die Männer von hinten an, die kein Wort sprachen und irgendwohin fuhren.

An die Ankunft im Kinderheim in Johanngeorgenstadt kann ich mich nicht mehr erinnern. Ich glaube, ich hatte da schon alles ausgeblendet, um an dem Übergriff und dem Geschehenen nicht kaputt zu gehen. Wie sollte ein nicht mal 4-jähriges Kind so eine Entführung und gewaltsame Trennung von der Mutter verkraften??

Ich wartete natürlich darauf, dass meine Mutter mich wieder abholen würde und war sauer und traurig, weil sie es nicht tat. In Johanngeorgenstadt war ich bis Oktober 1979. Wie ich schon im Kapitel „Die vergessenen Söhne" geschrieben habe, muss ich in der Zeit Ronny meinem Halbbruder väterlicherseits begegnet sein.

Johanngeorgenstadt schien ein regelrechter „Umschlagplatz" für Kinder gewesen zu sein. Elsa war da, Ronny war da, ich war da.

1979 wurde das Heim umstrukturiert in ein Heim für debile (leicht geistig eingeschränkte) Kinder. Und ich wurde da gelassen, obwohl ich ganz sicher nicht debil war. Auch daran kann ich mich noch erinnern. Es war der reinste Horrortrip für mich! Die Kinder, die jetzt da waren, verhielten sich merkwürdig. Ich konnte mit ihnen nicht normal reden und spielen und sie kamen mir unnatürlich vor. Sie bewegten sich anders. Sie machten mir Angst! In dem Mehrbett-Zimmer, wo ich schlief, war über mir ein Mädchen, welches im Bett immer den Kopf hin und her warf. Ich dachte so etwas wie ‚Vielleicht macht sie das, weil sie dann besser einschlafen kann.' Und so probierte ich das auch aus und tatsächlich konnte ich dann schneller einschlafen, weil mir so schwindlig vom Kopf hin und her werfen war, dass mein Gehirn schneller abschaltete.

Ich möchte an der Stelle deutlich sagen, dass ich tiefes Mitgefühl für die psychisch angeschlagenen Kinder habe. Ihr Schicksal berührt mich sehr.

Doch ich war ein Kleinkind und keiner hatte mir erklärt, was es mit den Kindern da auf sich hatte. Und so habe ich sie als Bedrohung empfunden und fühlte mich hilflos ausgeliefert. Ich wusste mir nicht anders zu helfen und begann, die Kinder nachzuahmen und so eingeschränkt zu gehen wie sie und machte auch sonst meinen Unmut über deren Verhalten Luft. Nun konnten die Erzieher nicht mehr ignorieren, dass ich verhaltensauffällig geworden war und man was tun sollte. Das Amt stellte fest, dass ich unterfordert war und nicht in die Gruppe passte. Ach!?

Und so wurde ich in das Vorschulheim nach Zwickau gebracht. Dies war im November 1979. Auch hier kann ich mich an die Ankunft nicht mehr erinnern. Doch ich kann mich daran erinnern, dass ich immer noch auf meine Mutter wartete. Ich stellte mir vor, dass ich in den Ferien wäre und ich bald abgeholt würde, um nicht an dem Trennungsschmerz zu zerbrechen. Ich zog mich in meine kindliche Fantasiewelt zurück. Die Welt da draußen verstand ich nicht und sie machte mir Angst.

Das Kinderheim in Zwickau nach der Wende
Es wurde später abgerissen.

Ich mit ca. 5 Jahren

Vom November 1979 bis zum März 1980 war mein Vater auf Grund von Amnestie frei. Ich hätte ihn also theoretisch sehen können. Doch ich blieb im Heim, da meine Eltern nach Ansicht des Staates ihr Sorge- und Erziehungsrecht durch ihre ablehnende Haltung gegenüber der DDR verwirkt hatten. Auch meine Mutter war inhaftiert, was mir von Herzen leid tut. Es muss auch für sie eine schwierige Zeit und schmerzhaft gewesen sein.

An Episoden aus dem Kinderheim in Zwickau kann ich mich noch erinnern, es gibt durchaus auch positive aber auch negative.

Das Heim an sich in dieser Villa, mit den Bäumen und der Natur rundherum fand ich schön. Wir gingen öfters in den Wald zum Spielen. Es gab da einen Waldspielplatz, den ich mochte. Auf dem gab es ein Drahtseil von einem Baum zum anderen und ein Sitz, mit dem man fahren konnte. Eines Tages, die Erzieherin hatte gerufen, da wir zum Heim zurücklaufen wollten, hing ich mich aus unerfindlichen Gründen an dieses Seil. Der Sitz begann zu fahren und rollte über meine Hand, mein Finger war schwer gequetscht und sah zum Fürchten aus. Ich ließ das Seil los und schrie wie am Spieß. Die Erzieherin war ziemlich aufgelöst und man musste mit mir zum Krankenhaus, um den Finger nähen zu lassen. Ich bin froh, dass der Finger noch dran ist, hätte schlimmer ausgehen können.

Wir gingen auch ab und zu in den Wald, um Brombeeren zu sammeln. Die Erzieherin sagte, dass wir nichts in die Taschen stecken sollten, sondern nur essen. Ich hatte ein Kleid an und stopfte mir den Mund voller Beeren. Und natürlich steckte ich auch welche in die Tasche des Kleides, weil ich sie mit ins Heim nehmen wollte. Als mich die Erzieherin beim Sammeln sah, schimpfte sie mich und holte die Beeren aus der Tasche. Natürlich hatten die Beeren abgefärbt und das Kleid war hin.

Manchmal machten wir auch im Garten Mittagsschlaf, was ich gut fand. Da konnte man die Vögel singen hören und hatte den Wind um die Nase.

An einem Tag spielte ich mit einer Freundin Mutter und Kind. Ich musste blöderweise immer das Kind sein, obwohl ich auch mal die Mutter spielen wollte. Aber meine Freundin bestand auf ihrer Rolle. Nachdem sie mich „gefüttert" hatte, legte sie mich auf zwei zusammengeschobene Stühle zum Schlafen hin und deckte mich mit einer kleinen Decke zu. Ich bin tatsächlich eingeschlafen und habe so fest geschlafen, dass ich nicht bemerkte, wie die Gruppe den Raum verließ und nach draußen ging. Irgendwann wachte ich auf und bemerkte, dass es total ruhig war. Ich sah, dass ich alleine im Zimmer war. Ich ging aus dem Zimmer, um zu schauen, ob da jemand war.

Doch es war keiner da außer den Küchenfrauen. Ab und zu durfte ich in die Küche, was ich sehr liebte. Die Küchenfrauen waren sehr nette herzliche Menschen und ich durfte in die Töpfe schauen. Auch durfte ich ab und zu ins Büro und die ebenfalls netten Frauen da zeigten mir diverse Büromaterialien, die ich spannend fand.

Neben diesen guten Momenten, gab es auch weniger schöne Vorkommnisse. Die Erzieher waren meistenteils in Ordnung, wenn sie auch keine Zeit hatten, uns Kindern Zuwendung zu geben. Wir wurden organisiert und versorgt. Doch es gab eine Erzieherin, die in der Nacht Aufsicht hatte und die ist mir nicht gut in Erinnerung geblieben. Wir Kinder waren noch überdreht und wollten keine Ruhe geben und schlafen. Plötzlich kam die Erzieherin zu mir, zog mir die Schlafanzughose herunter und schlug kraftvoll auf meinen Hintern. Ich war so geschockt, dass ich wie ein Brett liegen blieb und mich nicht mehr bewegte. Es hat sehr weh getan – körperlich wie auch seelisch. Ich konnte nicht fassen, was da gerade passiert war. Ich fühlte mich ohnmächtig und gedemütigt. Auch die anderen Kinder im Zimmer bekamen Schläge und so hatte die Erzieherin ihr Ziel erreicht. Wir Kinder waren nun ruhig.

Ich konnte lange nicht einschlafen, war verstört und hatte Angst. Am nächsten Tag redete kein Kind über den Vorfall. Ich glaube, wir haben alle dasselbe gedacht: ‚Uns würde ja doch keiner glauben.' Und so blieb die Erzieherin unbehelligt.

Auch Elsa hatte Gewalterfahrungen im Heim gemacht. Wahrscheinlich waren dies Erzieherinnen, die selbst als Kind geschlagen wurden und dies als eine normale Erziehungsmethode ansahen. Sie tun mir leid.

Das zweite Ereignis, was sich eingebrannt hatte, war folgendes: Ich wurde von der Erzieherin gerufen und sie drückte mir einen wunderschönen blauen Teddy, den ich Mischka nannte, in die Hand und sagte: „Hier, der ist von deiner Tante. Der gehört nur dir allein." Der Teddy an sich war ein tolles Geschenk und ich freute mich darüber und drückte ihn fest an mich. Jetzt hatte ich etwas zum Festhalten, wenn ich mich einsam fühlte. Doch ich dachte: ‚Welche Tante?' Ich kannte keine Tante. Meine Mutter hatte keine Schwester. Ich kannte die Familie meines Vaters nicht. Diese Tante war Tante Elisabeth, die ältere Schwester meines Vaters, der ich bis heute unendlich dankbar für diesen Teddy bin. Doch ich dachte auch: ‚Wieso kommt mich meine Mama nicht besuchen und bringt mir ein Geschenk?' In dem Moment „fiel die Klappe", d.h. meine Seele hatte den Trennungsschmerz von meiner Mutter abgespalten und ganz tief drin in mir vergraben. Der Schutzmechanismus hatte sich eingeschaltet, um mich davor zu schützen, dass ich seelisch Schaden nehme oder zerbreche. Ab dem Tag war ich nach außen ein normales Kind und funktionierte, aber ich war nicht mehr dieselbe, ich war nicht mehr ganz und die Erinnerung an meine Mutter war in ein „Kästchen" gepackt und weit weg geräumt in meinem Innersten. Es kostete mich als Erwachsene einige Mühe, diese abgespalteten Erinnerungen mit Hilfe einer Therapeutin wieder hervorzuholen. Bildlich gesehen, saß mein inneres Kind die kleine Diana immer noch einsam und verlassen da und blickte mit großen verstörten Augen in die Welt und auf die Menschen, die sie nicht verstand.

Im Mai 1981 wurde meiner Mutter das Erziehungsrecht für mich entzogen.

1981 wurde ich ins Büro gerufen und da saßen ein Mann und eine Frau, die ich nicht kannte. Sie schauten mich an und ich spürte zu meinem zukünftigen Adoptivvater gleich eine recht herzliche Verbindung. Meine zukünftige Adoptivmutter betrachtete mich eher skeptisch und ich spürte mit meinen feinen Antennen, dass sie mich nicht wollte und Vorbehalte hatte. Ab da sah ich die beiden regelmäßig und war auch ab und zu bei ihnen am Wochenende zu Hause. Sie gaben sich Mühe, dass es mir dann auch gefiel und das tat es durchaus. Sie hatten ein Haus mit Garten in einer schönen Umgebung. Welchem Kind hätte dies nicht gefallen? Eines Tages fragte mich die Erzieherin, ob ich für immer bei den Leuten wohnen wolle. Tja, was sagt da ein 6-jähriges Kind, was sich nichts mehr wünscht als ein festes Zuhause und Eltern? Ich sagte natürlich „Ja", obwohl ein Kind solch eine Entscheidung gar nicht treffen konnte und die Tragweite gar nicht verstand.

So zog ich im Juli 1981 zu meinen Adoptiveltern. Ich werde nie vergessen, wie mich die anderen Heimkinder, vor allem meine Freundin, angeschaut haben, als es hieß, dass ich jetzt das Heim verlasse und zu meinen neuen Eltern ziehe. Ich glaube, die wollten auch ein neues Zuhause und fragten sich wahrscheinlich, warum sie nicht ausgewählt wurden. Tja, das wissen nur die Behörden und Heimangestellten, warum die Entscheidungen so getroffen wurden. Doch es gab keinen Grund, neidisch zu sein, denn das neue Zuhause war auch nicht das, was ein Kind sich wünscht, insbesondere nach der traumatischen Trennung von den leiblichen Eltern.

Wie es wahrscheinlich den meisten Adoptivkindern geht, stand auch ich in einem Loyalitätskonflikt. Einerseits fühlt man sich den Adoptiveltern verpflichtet und zugeordnet und ist ja als minderjähriges Kind von ihnen abhängig. Andererseits gibt es die Wurzeln der leiblichen Familie und die emotionale Bindung, die natürlich durch ein Stück Papier und räumliche Distanz nicht gekappt werden. Die Gefühle wegen der Herkunft sind so elementar und bestehen ein Leben lang. Die Eltern sind die wichtigsten Bezugspersonen im Leben eines Menschen – egal, ob man bei ihnen ist oder nicht.

Was das Verhältnis zu meinen Adoptiveltern angeht, war und bin ich hier zwiegespalten. Einerseits hatte ich ein schönes Zuhause (materiell gesehen), wurde versorgt mit Essen, Kleidung etc., erlebte Urlaubsreisen und Ausflüge usw. und das genoss ich auch. Andererseits hatte ich die ganze Lebenszeit, in der wir miteinander zu tun hatten bis in mein Erwachsenenalter hinein immer das Gefühl, nicht geliebt zu werden und nicht akzeptiert zu werden, wie ich bin. Ich sollte funktionieren und parieren wie ein dressiertes Tier, eigene Gedanken und Gefühle überforderten sie beide. Das ging sogar soweit, dass sie versucht haben, mich durch verbale Schläge – also mit Worten – gefügig und gehorsam zu machen. So wurde mir ständig vorgehalten, ich wäre wie meine Mutter (die von den Adoptiveltern herabgesetzt wurde) und ich solle nicht vergessen, wo ich herkomme. Diese Sätze haben sich in meine kindliche Seele eingebrannt und schmerzen bis heute. Gut war, dass ich nicht wusste, was mit meiner Mutter war und mit dem Satz „Vergiss nicht, wo du herkommst." konnte ich auch nichts anfangen. Fakt ist, dass sie mit derartigen Sätzen ein echtes Vertrauensverhältnis von Anfang an verhindert haben und ich mal wieder das Gefühl hatte, nicht geliebt und nicht willkommen zu sein. Ich habe oft darüber nachgedacht, ins Heim zurück zu gehen. Davon abgehalten hat mich mein damals bester Freund und Begleiter Dux – ein zuckersüßer Collie, der gleich nach meiner Ankunft in mein Leben trat.

Er gab mir das, was ich von den Adoptiveltern gebraucht hätte – bedingungslose Liebe und die Akzeptanz, dass ich in Ordnung war, so wie ich bin. Und er brauchte mich als Freundin, da seine Besitzer durch ihre Arbeit nicht so viel Zeit für ihn hatten. Ich liebte und liebe ihn von ganzem Herzen und vermisse ihn bis heute. Diesem wunderbaren Geschöpf habe ich es zu verdanken, dass ich an der Gefühlskälte meiner Adoptiveltern nicht zerbrochen bin.

Was mich auch ärgert, ist die Tatsache, dass meine Adoptiveltern noch die Unterhaltszahlungen meines Vaters „abgegriffen" haben, obwohl sie das Geld gar nicht brauchten. Sie waren gut bürgerlich und finanziell gut ausgestattet. Meinem Vater, der schon so gebeutelt war und kaum Geld hatte, auch noch die letzten Kröten abzufordern, finde ich moralisch gesehen unterste Schublade.

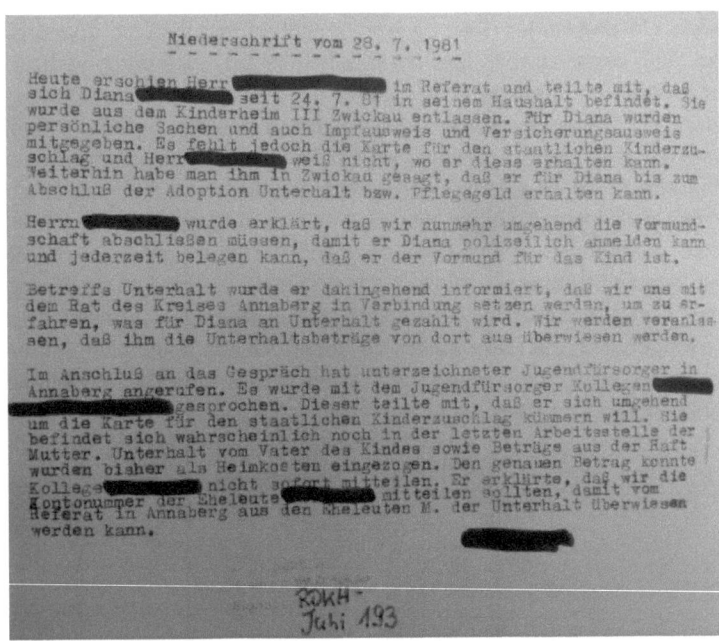

Als ich im Juni 1981 zum ersten Mal bei den Adoptiveltern übernachtete, legte ich den großen Teddy, den sie auf der Couch sitzen hatten „schlafen", deckte ihn zu, zog die Gardinen zu und schob die Adoptiveltern aus dem Wohnzimmer und sagte mütterlich „Psst, ihr müsst jetzt rausgehen, der Teddy muss schlafen." Ich ahnte in dem Moment nicht, dass ich damit die penible Ordnung meines Adoptivvaters durcheinander gebracht hatte und es war symbolisch dafür, dass ich deren scheingeordnetes Leben durcheinander bringen würde. Später traute ich mich nicht mehr, irgendwelche Unordnung (die ein Kind nun mal so üblicherweise erzeugt) zu verursachen, da die Stimmung zu Hause dann noch schlechter war als sonst.

Fakt war, dass die Ehe meiner Adoptiveltern nicht gut war. Mein Adoptivvater war ein sehr jähzorniger Mensch und übertrieben auf Ordnung bedacht. Heute würde ich sein Verhalten als zwanghaft bezeichnen. Und meine Adoptivmutter war angepasst und duckmäuserisch.

Unterschwellig herrschte zwischen den beiden ständig Aggression. Es gab weder echte Zuneigung zwischen den beiden noch Respekt. Mein Adoptivvater war ein Macho, kritisierte das Essen, obwohl er selbst nicht kochen konnte. Meine Adoptivmutter verweilte in ihrer Opferhaltung und machte ihren Gatten für alles Mögliche verantwortlich und stellte ihn als bösen Buben dar. Doch statt sich mit ihm echt auseinanderzusetzen, schoss sie ihre Pfeile aus dem Hintergrund und wenn er nicht dabei war. Sie lechzte nach Mitleid der anderen und manipulierte mich emotional ebenso, damit ich zu ihr halte – ein (nicht körperlicher) Missbrauch, der schwer wiegt und mir geschadet hat. Ich habe sie so oft aufgefordert, ihm zu widersprechen und sich zu wehren. Doch warum sollte sie? So war es viel bequemer. Die beiden hatten eine ungesunde Beziehung und wären trotzdem nie auf die Idee gekommen, sich scheiden zu lassen. Warum, das habe ich erst als Erwachsene begriffen. Die beiden hatten noch eine „Rechnung" offen und konnten sich deswegen nicht trennen. Hintergrund und Grund für meine Adoption war, dass meine Adoptivmutter schwanger war und ihr Kind verloren hatte, als sie schon die Kindsbewegungen gespürt hatte. Das Kind verstarb leider im Mutterleib und die Adoptivmutter wäre auch beinahe daran gestorben. Das Kind war ein Wunschkind. Es war für beide ein absolut traumatisches Erlebnis, was sie nie verarbeitet hatten. Mein Adoptivvater warf meiner Adoptivmutter vor, dass sie sein Kind getötet hätte und meine Adoptivmutter warf ihm vor, dass er ihr das unterstellte, obwohl sie genauso ihr Kind verloren hatte und auch noch beinahe gestorben wäre und er keinerlei Mitgefühl für seine Frau hatte. Dies war der Grundkonflikt in dieser Ehe, der nie gelöst werden konnte. Dies werfe ich ihnen auch nicht vor. Wer weiß schon, wie man selbst mit so einem schrecklichen Erlebnis umgehen würde? Der Verlust eines Kindes ist mit das Schlimmste, was einem Menschen widerfahren kann und sie haben hier mein vollstes Mitgefühl und mein Bedauern.

Andererseits wurde ich in eine Rolle gedrängt, in die ich hätte nie gedrängt werden dürfen. Ich konnte ihnen das verstorbene leibliche Kind nicht ersetzen. Ein Adoptivkind oder Pflegekind kann niemals ein eigenes gegangenes Kind ersetzen! Und dies möchte ich gerne **heutigen Pflege- und Adoptiveltern mitgeben**.

Ein eigenes verstorbenes Kind kann durch kein anderes Kind ersetzt werden. Dies ist dem gegangenen Kind gegenüber unfair und auch dem Kind gegenüber, dass die Lücke ausfüllen soll. Pflege- und Adoptivkinder bringen immer ihr eigenes Päckchen in die neue Familie mit und dürfen nicht durch derartige Erwartungshaltungen belastet werden. Dies ist zu schwer für die schmalen Schultern. Das gegangene Kind muss betrauert werden und sollte bewusst seinen festen Platz in der Familie haben. Daher bitte ich zukünftige Pflege-, Adoptiveltern: bitte gebt euch Zeit und Raum, um um das geliebte Sternenkind zu trauern und wenn ihr ein fremdes Kind in eure Familie aufnehmen möchtet, integriert das leibliche Kind. Erzählt dem angenommenen Kind von Anfang an von dem Verlust, ohne ihm das Gefühl zu geben, dass es nun diesen vermeintlich leeren Platz füllen muss. Gedenkt dem Engelskind/Schmetterlingskind gemeinsam und mit Liebe und Respekt. Seine Seele lebt weiter und ist euch nah, nur der Körper ist nicht mehr da. Wenn es euch gelingt, dem Sternenkind und dem angenommenen Kind nebeneinander gleichberechtigt einen Platz zu geben in eurer Familie dann seid ihr eine Familie und es wird allen Beteiligten gerecht und echte Nähe kann entstehen.

Ich möchte allen Eltern, die ein Kind verloren haben – im Mutterleib oder später – mein aus dem Herzen tief empfundenes Mitgefühl und meine Anteilnahme ausdrücken.

****

Im September 1981 wurde ich eingeschult.

Bei einem Ausflug nach Dresden kurz nach Aufnahme in die Adoptionsfamilie. Hier war ich noch voller Freude über die neue Familie.

Zum 23.02.1982 – also an meinem 7. Geburtstag – wurde ich offiziell rechtlich adoptiert. Damit war die rechtliche Verbindung zu meiner Herkunftsfamilie gekappt.

Zur der Zeit befand sich mein Vater in der BRD. Wo meine Mutter sich in der Zeit aufhielt, weiß ich leider nicht.

Für Irritationen sorgte auch die Tatsache, dass mein Adoptivvater sich einen Jungen gewünscht hatte und so hatte er Probleme zu akzeptieren, dass ich ein Mädchen bin. Er gab mir sogar manchmal Jungennamen, was mir auch noch das Gefühl gab, dass ich so, wie ich war, nicht in Ordnung war.

So verbrachte ich meine Kindheit und Jugend bei den Adoptiveltern. Sie war im Wesentlichen geprägt durch die schlechte Stimmung und den Jähzorn meines Adoptivvaters. Als Erwachsene erst habe ich verstanden, woher der Jähzorn gekommen sein muss. Fakt war, dass mein Adoptivvater unbearbeitete schwere Konflikte in sich trug, die ihn nicht zur Ruhe kommen ließen. Ich erfuhr von meiner Adoptivmutter, dass sein Vater sich das Leben genommen hatte, als der Adoptivvater noch ein Kind war und ich denke, dass dies der Kummer war, der ihn umtrieb. Er war mit diesem Trauma allein, was mir sehr leid tut. Was wir gemeinsam haben, ist die Vatersehnsucht und das tragische Ableben der Väter.

Ich habe meinen Adoptivvater zeitweise gehasst für seine Launen und seine Unnahbarkeit. Ich hatte ihm nichts getan und doch bekam ich den Ballast ab – zu schwer für meine schmalen Schultern. Um an den Stimmungsschwankungen nicht Schaden zu nehmen, habe ich ein Spiel daraus gemacht. Ich habe eine Skala von 1 bis 6 erfunden von 1 – Stimmung ok bis 6 – unerträglich und habe jeden Tag in mein Tagebuch eingetragen, wie die Stimmung war. Meistens lag ich bei 5 oder 6. Ich habe mir vorgestellt, dass Außerirdische mich aus Versehen auf dieser Erde in diesem falschen Leben gesetzt hatten und bald kommen würden, um mich wieder abzuholen. Und natürlich habe ich mich – wie wahrscheinlich alle Kinder in unerträglichen Lebenssituationen – gefragt, was ich falsch gemacht habe und womit ich so ein Leben verdient hatte.

Ich versuchte, Anschluss und Halt in der Schulklasse zu finden, was auch schwierig war und manchmal habe ich mich dabei sicherlich zu sehr aufgedrängt, was mir heute leid tut. Doch ich habe verzweifelt nach einem Strohhalm zum Festhalten gesucht. Wenn ich in anderen Familien zu Besuch war, wo das Familienleben nach meinem Empfinden ok war, habe ich die Eindrücke aufgesaugt, um mir zu merken, wie es in einer richtigen Familie zugeht. Gleichzeitig war ich unendlich traurig und verzweifelt, dass ich nicht in einer normalen liebevollen Familie aufwachsen konnte. Das war sehr schmerzhaft.

Am meisten fand ich Ruhe und Halt, wenn ich mit meinem geliebten Dux in der Natur unterwegs war. Er wartete schon immer am Gartentor auf mich, wenn ich von der Schule kam und freute sich so laut, dass die ganze Straße Bescheid wusste, wann ich von der Schule kam. Was für eine Wohltat für die gebeutelte Diana-Seele.

Es gab auch wenige schöne Momente in der Adoptivfamilie, die ich nicht verschweigen möchte. So verstanden es meine Adoptiveltern wirklich, Weihnachten zu feiern. Meine Adoptiveltern liebten die erzgebirgische Handwerks- und Schnitzkunst und so hatten wir jede Menge schöne Weihnachtsdeko wie Schwibbogen, Pyramiden, Kerzenleuchter, Räuchermännchen usw. – wunderschön! Und unser Weihnachtsbaum war immer eine Augenweide. Meine Adoptivmutter war nicht nur eine begnadete Köchin, sondern hatte auch Talent zum Dekorieren. Sie war handwerklich sehr geschickt und hatte einen Blick für Farben und Formen. So schmückte sie den Baum jedes Jahr in einem anderen Stil – mal in knalligem Pink-Gold, mal in zartem Grün, mal in Silber, mal in Rot. Es sah jedes Mal schön aus. Das Weihnachtsessen war auch lecker und üppig. Und ich bin ihr heute zutiefst dankbar, dass ich das Kochen von ihr gelernt habe. Ich habe jahrelang geübt, um ihre handgemachten leckeren Wickelklöße hinzubekommen. Sie sind zwar immer noch nicht 100% wie ihre aber schon ganz nah dran. Und ihr hervorragendes Essen hat geholfen, meine Essstörung zu überwinden, die ich aus dem Heim mitgebracht hatte.

Wir gingen regelmäßig in der Natur spazieren und kehrten meist in einer der zahlreichen Gaststätten ein, was ich beides auch sehr liebte. Urlaub machten wir regelmäßig an einer Talsperre, wo der Betrieb meines Vaters einen Bungalow hatte und in Oberwiesenthal, wo sich der höchste Berg Sachsens der Fichtelberg befindet. Diese beiden Orte habe ich lieben gelernt. Und im Urlaub war die Stimmung meines Adoptivvaters meist besser, so dass er erträglich war. Nie werde ich den besten Erdbeerkuchen der Welt in einer kleinen Bäckerei in Oberwiesenthal vergessen. Solch einen hervorragenden Erdbeerkuchen habe ich seit dem nicht wieder gegessen.

Und mein Adoptivvater hat mir wie ein richtiger Vater mit viel Geduld und viel in Bewegung das Schwimmen und Radfahren beigebracht. Auch mit meiner Adoptivmutter hatte ich gute Momente, in denen wir viel redeten, zusammen Handarbeiten machten.

Getrennt voneinander konnte ich es mit meinen Adoptiveltern aushalten. Aber sobald sie zusammen waren, waren sie unerträglich.

Gerne besuchte ich die beiden auf ihrer Arbeit. Ich fand es spannend, zu sehen, wo sie arbeiteten und was sie arbeiteten. Mein Adoptivvater war Brauer in einer kleinen Brauerei in Gersdorf in Sachsen. Diese gibt es heute noch, was mich freut. Ich durfte mit ins Sudhaus und fand es total schön da. Es roch nach Apfelmuss, das Gebräu blubberte im Kessel und mein Adoptivvater war völlig tiefenentspannt und scherzte mit seinen Kollegen. Ich dachte, er wäre ein anderer Mensch. Wie konnte das sein? Im Brauhaus konnte er er selbst sein und das tat ihm offensichtlich gut und ich genoss es, ihn auch mal positiv zu erleben.

Auch meine Adoptivmutter war auf Arbeit ein anderer Mensch, zeigte stolz ihren Arbeitsplatz. Sie arbeitete in der Textilbranche. Sie webten Stoffe. Ich fand es faszinierend, wie diese großen Maschinen so detaillierte Muster in die Stoffe weben konnten und wie viele Arbeitsgänge nötig waren, um am Ende einen fertigen Stoff zu haben. Das Arbeitsteam war nett und meine Adoptivmutter schien gut integriert zu sein. Mit einer Arbeitskollegin von ihr – Gudrun - hatte ich bis zu ihrem Tod letztes Jahr noch Kontakt. Sie war wie eine Ersatzmama für mich und so ein herzlicher Mensch, obwohl das Leben ihr so vieles genommen und abverlangt hatte.

Die Jahre gingen dahin. Ich machte den Abschluss der 10. Klasse an der POS im Jahr 1991, nachdem ca. ein halbes Jahr vorher die Wiedervereinigung stattgefunden hatte und wo das DDR-Schulsystem in sich zusammenfiel und keiner so recht wusste, wie es jetzt weitergehen sollte. Ausbildungsstellen gab es so gut wie keine im Osten und so machte ich aus der Not heraus das Abitur, um Zeit zu überbrücken. Doch auch nach der Zeit gab es kaum Ausbildungsstellen. Ich konnte jedoch eine Ausbildung zur Steuerfachangestellten machen nach dem Motto: nimm die eine, die es gibt oder keine. Auch die Ausbildung war belastend, da mich die Ausbilderin als Konkurrenz betrachtete und scheinbar glaubte, ich nehme ihr den Job weg nach bestandener Prüfung. So fand ich im Ausbildungsbetrieb auch keinen Anschluss. Doch ich schaffte die Ausbildung und die Freude der Ausbilderin hielt sich sehr in Grenzen.

Mit 21 Jahren zog ich überstürzt aus dem Haus der Adoptiveltern aus. Unser Verhältnis war sehr schlecht. Die Adoptiveltern wollten mich weiterhin kontrollieren und redeten mir in mein Leben hinein und nahmen das, was mir wichtig war und was ich wollte, nicht ernst. Ich war erwachsen und wollte mein Leben nach meinen Vorstellungen leben und gestalten. Doch sie konnten nicht loslassen. Ich wusste, wenn ich jetzt nicht gehe, wird es in dieser Familie eine Tragödie geben ausgelöst durch mich. Der Druck war unerträglich für mich.

Ich hauste in einer kleinen Wohnung in einfachsten Verhältnissen, finanziell immer knapp. Es ist schwer, als junger Mensch, der sich noch nichts aufgebaut hat und kaum Gelegenheit hatte, Geld zu verdienen, allein seinen Lebensunterhalt zu bestreiten. Und es fehlte natürlich die Unterstützung einer Familie.

Für mich war mit dem Auszug das Thema Adoptionsfamilie beendet und ich hätte wahrscheinlich keinen Kontakt mehr aufgenommen. Doch dann passierte etwas, was mich erschüttert und berührt hat. Nach ca. einem halben Jahr stand plötzlich mein Adoptivvater vor dem Haus, in dem ich wohnte und drehte verlegen den Motorradhelm in den Händen herum. Ich kam gerade vom Einkaufen und ließ fast die Beutel fallen, als ich ihn sah. Ich blieb vor ihm stehen und fragte distanziert, was er wolle. Er begann zu reden, stockte dann aber und weinte bitterlich. Ich hatte meinen Adoptivvater noch nie weinen gesehen außer bei dem Tod seiner Mutter und war wirklich geschockt. Ich wusste nicht, was ich machen sollte. Er bat mich inständig, dass ich mal wieder zu Besuch komme solle und wir wieder Kontakt haben. Endlich nach den ganzen Jahren, die wir miteinander zu tun hatten, kommunizierten wir von Herz zu Herz und das ließ mich erweichen. Ich umarmte ihn und er fühlte sich in dem Moment so klein und hilflos an. Ich zollte und zolle ihm Respekt für diesen Schritt. Ich weiß, dass er ihm sehr schwer gefallen ist, besonders auch, weil meine Adoptivmutter dies nicht wollte. Sie schien froh zu sein, dass ich nicht mehr da war, obwohl ich ihr nie etwas getan hatte. Doch als ich einige Zeit später tatsächlich zu Besuch zu ihnen ging und sie ihren Unmut darüber kundtat, stoppte sie mein Adoptivvater energisch und sie verstand, dass sie diesmal wirklich besser ihren Mund hielt. Bei weiteren Treffen, die jetzt auf einer anderen Basis stattfanden, hatten wir tatsächlich eine gute Zeit und auch meine Adoptivmutter kriegte sich ein. Trotzdem hatten wir nach dem Tod meines Adoptivvaters, der elende an Krebs starb, keinen Kontakt mehr. Sie behandelte ihn an seinen letzten Tagen so unmenschlich, dass es mir körperlich Schmerzen bereitete. Einen Menschen, der bereits am Boden liegt – egal, was er in seinem Leben an unguten Dingen getan hat – tritt man nicht mehr. Aber sie tat das mit Worten und ihrem Verhalten und das konnte ich ihr nicht verzeihen. Die Kluft zwischen den beiden brach mit voller Wucht und Härte auf, als es feststand, dass er bald sterben würde und sie schafften es nicht, die letzten Wochen einigermaßen respektvoll miteinander umzugehen. Mit Hilfe seines Arztes trennten wir die beiden räumlich, damit diese Kämpfe aufhörten und mein Adoptivvater in Frieden gehen konnte. Da ich in Bayern lebte und er in Sachsen, konnte ich an seinem Todestag nicht bei ihm sein. Doch ich konnte noch einige Worte am Telefon zu ihm sagen, bevor er seinen Körper verließ. Es war sehr friedlich und stimmig und es geschah an einem wunderschönen sonnigen Herbsttag im Oktober. Nun war er von all seinen Qualen erlöst und verweilte nun wieder bei seinem Vater und seinem so vermissten Kind.

Meine Adoptivmutter, die vier Jahre später auch an Krebs starb, habe ich nicht noch einmal gesehen. Sie hatte meine Gefühle und Grenzen zu weit überschritten und ich hatte nicht mehr das Bedürfnis, sie zu sehen. Mein Selbstschutz gebot mir, Abstand zu halten.

****

Dieses Auf-sich-allein-gestellt-Sein zieht sich nach meiner heutigen Betrachtung durch mein ganzes Erwachsenenleben. Einerseits hat dies den Vorteil, dass man früh auf eigenen Beinen steht und sich alles durch Ausprobieren selbst aneignen und erarbeiten muss. Das, was man erreicht, ist hart und selbst geschafft, hat Substanz und erfüllt mit Stolz. Andererseits gibt es einfach Situationen und Momente, die man allein nur schwer bewältigen kann und wo man dringend menschliche Unterstützung bräuchte. Wie oft habe ich mir familiären Rückhalt und Zuspruch gewünscht. Ich habe mich so oft mit Situationen allein gefühlt und habe es teilweise gehasst, mir einfach alles und ständig erkämpfen zu müssen. Der Kampf um die Existenz, um Anerkennung, um Selbsterkenntnis, um die eigene Identifikation, um ein kleines Glück zieht sich bis heute durch mein Leben und in manchen Momenten bin ich des Kämpfens müde.

Ich hatte verschiedene Jobs als Buchhalterin. Doch es war keine Freude, im wilden Osten zu arbeiten. Die Bezahlung war schlecht, die Arbeitsbedingungen meist auch und manche Chefs glaubten tatsächlich, dass Angestellte ihre Sklaven sind und sie sie hin und her schieben konnten, wie sie wollten.

2000 lernte ich meinen zukünftigen Mann kennen und wir beschlossen, unser Glück in Bayern zu versuchen, wo ich natürlich sofort einen gut bezahlten Job als Buchhalterin fand. Und so waren wieder zwei junge Leute aus Sachsen weggezogen, weil sie in der Heimat keine berufliche Perspektive hatten.

Das Beste in meinem bisherigen Leben ist meine Tochter, auf die ich stolz wie Bolle bin und ich bin erleichtert, dass ich ihr trotz meiner traumatischen Erfahrungen in meiner Kindheit und Jugend Liebe geben kann. Sie ist mein Sonnenschein und ich liebe sie von Herzen.

2013 erfolgte die Scheidung und seitdem versuche ich, einen Neuanfang zu schaffen und bei mir anzukommen.

****

Mein Fazit:

Im Großen und Ganzen habe ich das Gefühl, dass man mir meine Kindheit gestohlen hat. Eine glückliche oder unbeschwerte Kindheit kenne ich nicht. Ich konnte mein Kindsein nicht ausleben und musste schon erwachsen werden, als mein Körper noch der eines Kindes war. Der Werdegang und das Leiden meiner leiblichen Eltern und meiner Geschwister machen mich traurig und auch wütend. Ich arbeite an der Wut im Bauch, weil ich sie nicht den Rest meines Lebens bei mir tragen möchte. Doch das braucht noch Zeit und wird eine Lebensaufgabe bleiben. Vater- und Muttersehnsucht sind meine ständigen Begleiter.

Ich denke darüber nach, ob meine Adoption auch eine Zwangsadoption war und kann dies mit einem Jein beantworten. Einerseits haben meine leiblichen Eltern unter politischer Verfolgung zu leiden gehabt und wurden vom System nach der üblichen Mache bekämpft. Andererseits hatte ich nicht den Eindruck, dass meine Adoptiveltern „rot" sind und es erfüllt mich mit Erleichterung, dass sie regelmäßig an den Montags-Demos teilnahmen und man sehen konnte, dass sie mit dem DDR-System nicht einverstanden waren.

Was für eine doppelte Schmach war es für die zwangsadoptierten Kinder, die nicht nur aus ihren leiblichen Familien gerissen wurden, sondern auch noch zu systemtreuen Leuten kamen und die ganze Zeit der Propaganda und deren zutun zu diesem kranken System ausgesetzt waren! Doch ich denke, ich kann behaupten, dass die Mehrheit dieser Kinder innerlich und emotional die Kinder ihrer leiblichen Eltern geblieben sind – trotz allem.

>>Stark bindet Freundschaft, mächtig eint des Blutes Band.<<

(Autor: Aischylos (525 v. Chr. - 456 v. Chr.)*

Familiäre Bande und Herzensverbindungen kann man nicht trennen.

In der Adoptionsfamilie zu leben, war die überwiegende Zeit eine große seelische Belastung für mich, doch ich bin mir nicht sicher, ob ich besser dran gewesen wäre, wenn ich die ganze Zeit bis zum Erwachsenenalter in Heimen verbracht hätte. Gerade die Heime für Jugendliche in der DDR waren nach dem, was ich über sie gelesen und erfahren habe, eine Zumutung und teils die Hölle auf Erden für die Jugendlichen und jungen Erwachsenen. Auch hier möchte ich den Menschen, die in solchen Heimen verweilen mussten, mein tief empfundenes Mitgefühl aussprechen!

*(Quelle: Zitate-und-Sprichwörter.com)

Kein Mensch hat es verdient, so behandelt zu werden. Und ich wünsche Euch alle Kraft und Unterstützung dieser Welt, dass Ihr das Erlebte verarbeiten und hinter Euch lassen könnt!

Meine gesundheitlichen Probleme – insbesondere die Allergien – bringe ich auch in Zusammenhang mit der stressigen Kindheit und Jugend. Bildlich gesehen, reagiert der Körper über und wehrt sich gegen Einflüsse von außen. Ich denke, mit der Zeit, in der ich das Erlebte aufarbeiten werde, wird mein Körper verstehen, dass er sich gegen harmlose Pollen nicht wehren muss. Pollen sind der Samen des Lebens und nichts, was man bekämpfen muss.

Ich habe auch Therapien gemacht, um das Erlebte zu bearbeiten. An der Stelle muss ich sagen, dass ich echte Hilfe und Unterstützung eher von alternativen Therapeuten erfahren habe. Manchmal muss man mehrere Anläufe nehmen, um den passenden Therapeuten, der zu einem passt, zu finden.

Was mir sehr geholfen hat und hilft, ist folgendes: Ich – die nun erwachsene Diana, die trotz allem mit beiden Beinen im Leben steht und weiß, was sie will und auch nicht will – gehe vor meinem inneren Auge in all die Situationen meiner Kindheit und Jugend hinein, die ich als traumatisch und verstörend empfunden habe und in denen ich mich ohnmächtig gefühlt habe und hole die kleine Diana heraus. Wir verlassen gemeinsam die unerträgliche Situation, die damals stattgefunden hat. Ich versichere der kleinen Diana, dass sie nicht in dieser Lage bleiben muss und ich für sie da bin und sie niemals verlassen werde. Ich umarme sie in einer warmen herzlichen Umarmung. Diese „Reisen" bewirken ganz viel und lassen das innere Kind wachsen und reifen und seine Wunden heilen.

Ich habe auch folgendes Ritual als sehr wirksam empfunden:

Ich habe einen Stuhl vor mich hingestellt und habe mir vorgestellt, dass da meine Adoptivmutter draufsitzt. Dann habe ich einen Rucksack genommen und habe gedanklich die Last da hineingepackt, die zu ihr gehört, die ihres ist, aber auf meine Schultern geladen wurde. Ich habe den Rucksack von meinen Schultern genommen und habe ihr symbolisch den Rucksack gereicht bzw. auf den Stuhl gelegt mit den Worten: „Ich gebe Dir den Rucksack nun zurück. Es ist Deine Last und Deine Aufgabe im Leben, nicht meine."

Das klingt banal, ist aber emotional sehr wirksam und zog tatsächlich eine Erleichterung bei mir nach sich, die deutlich zu spüren war und ist. Ihre Last war ihr verstorbenes Kind und ihre Kinderlosigkeit, für die ich nicht verantwortlich war und die ich auch nicht zu tragen hatte.

Dasselbe machte ich mit dem Adoptivvater.

Auf diesem Wege kann man ungesunde Verstrickungen, zu Unrecht auf sich genommene fremde Lasten lösen und wieder dahin geben, wo sie hingehören. Jeder Mensch hat seine ganz eigenen individuellen Lasten und Aufgaben im Leben zu tragen und zu bewältigen und diese darf man nicht anderen aufbürden oder von anderen annehmen. Jeder hat sein Päckchen zu tragen. Dieses Ritual funktioniert bei lebenden Menschen, die nicht anwesend sein müssen und bei verstorbenen Menschen ebenso und kann öfters wiederholt werden.

Heute nutze ich immer mehr spirituelle Kräfte und Naturkräfte, um den inneren Heilungsprozess in Gang zu bringen und in Gang zu halten und es wirkt.

Es gibt so viel mehr zwischen Himmel und Erde, als wir sehen und erahnen können und es gibt so viel mehr Hilfe und Unterstützung, um Wunden heilen zu lassen, als wir uns vorstellen können.

Kapitel 8

Persönliche Worte der Ermutigung an die Belasteten

Wie ich bereits im Vorwort geschrieben habe, verwende ich bewusst nicht das Wort „Opfer" für die Menschen, die vom DDR-Regime beladen wurden. Dies bedeutet nicht, dass ich mir nicht im Klaren bin, dass die Menschen Opfer von Willkür und einem gewalttätigen System geworden sind. Es hat vielmehr damit zu tun, wie ich das Wort „Opfer" definiere. Ein Opfer ist laut Definition eine geschädigte Person. Doch nach meinem Empfinden ist ein Opfer auch jemand, der in einer Ohnmachts-Position verharrt und es dabei belässt, „geschädigt" zu sein. Ich habe hier den Begriff der „Belasteten" gewählt, da es verdeutlicht, dass ein Mensch durch die Ereignisse in der DDR tatsächlich belastet wurde und an dieser Last zu tragen hat, aber gleichzeitig eröffnet es die Möglichkeit und den Weg, eine starre Position bewusst zu verlassen und Schaden bei sich wieder gut zu machen durch Auseinandersetzung und Heilung, indem man sich bewusst dafür entscheidet, kein Opfer mehr zu sein. Obwohl der Gedanke an Rache, Vergeltung nachvollziehbar ist, ist es wichtig, nicht selbst zum Täter zu werden. Es nimmt nicht den eigenen Schmerz, wenn man den Tätern schadet, sondern man begibt sich auf eine Stufe mit ihnen. Alles, was man anderen antut, tut man sich selbst an.

Wie die Geschichte dieses Buches verdeutlicht, bin ich selbst eine Belastete und habe die Konsequenzen eines unmenschlichen Umganges in einem Regime zu tragen gehabt und trage sie bis heute. Ich weiß also, wovon ich rede. Doch ich bin nicht gewillt, mir meine Lebensfreude durch genau diese Erfahrungen schmälern oder nehmen zu lassen. Die größte „Strafe" für die überzeugten Ausführenden dieses System ist es doch, wenn Menschen trotz allem lebensfroh bleiben und das Schöne im Leben erkennen und leben können.

Und deswegen möchte ich alle Belasteten ermuntern, diesen Schritt zu gehen. Verlasst bewusst die starre Position eines Opfers und lasst Euch nicht eure Lebensfreude und euren Lebensmut nehmen. Dies geht natürlich nicht von heute auf morgen. Es ist ein Prozess des Auseinandersetzens, Verstehens und Hinter-sich-Lassens. Gebt Euch die Zeit, die ihr braucht, ohne mit Euch ungeduldig zu sein. Fragt bei den Stellen nach, die Euch Unterlagen und Fakten zu Eurer Lebensgeschichte geben können und lasst Euch nicht entmutigen, wenn die Rückmeldung nicht gleich so ist, wie Ihr es erwartet habt. Jede Nachfrage, jede Recherche, jedes Nach-draußen-Agieren bewirkt etwas, auch wenn man es nicht gleich sehen kann. Agiert ohne zu erzwingen – konsequent aber auch mit den Pausen, die Euer Herz und Eure Seele brauchen, um zu verarbeiten und zu verkraften. Aus meiner eigenen Erfahrung weiß ich, dass die Informationen und Ereignisse dann in unser Leben kommen, wenn wir bereit und in der Lage sind, sie zu verkraften.

Hätte ich mit Anfang 20 all die Informationen über meinen Vater erhalten wie mit 40 wäre ich daran zerbrochen.

Also bitte habt Geduld, alles hat seine Zeit im Leben. Wenn Ihr die Kraft habt, dann macht Eure Geschichte öffentlich. Es gibt immer noch Menschen da draußen, die das geschehene Unrecht der Zwangsadoptionen, Kindesentzug kleinreden wollen, bagatellisieren wollen so nach dem Motto ‚Ach, die paar Leute, denen das passiert ist…' Doch es ist klar, dass derartige Lebensgeschichten kein Einzelfall sind und je mehr Betroffene reden, desto mehr müssen Verantwortliche zur Kenntnis nehmen und eingestehen, dass es sich hierbei um ein Geschehen handelt, was viele Menschen betrifft und belastet und damit auch ein gesellschaftliches Problem ist. Ihr habt das Recht, angehört und ernst genommen zu werden!

Wir befinden uns in einer Epoche der Menschheitsgeschichte und Menschheitsentwicklung, in der die Wahrheit ans Tageslicht drängt und Masken fallen. Dies ist deutlich zu sehen an den vielen Nachrichten, in denen Skandale offengelegt und schlechte Geheimnisse gelüftet werden. Es gibt Plattformen, auf denen Verbrechen durch Bilder, Videos veröffentlicht werden. Es ist die richtige Zeit, um auch die Verbrechen des DDR-Regimes offen zu legen, indem Ihr Eure Geschichten erzählt. Das Leben ist mehr denn je daran interessiert, Ungerechtigkeit aufzuzeigen und die Wunden zu heilen.

Für mich sind alle Belasteten Helden, auch diejenigen, die leider keine Kraft mehr hatten zu kämpfen und sich für den Freitod entschieden haben. Auch diese Menschen haben einen bleibenden Fußabdruck auf dieser Erde hinterlassen und haben mein Mitgefühl und meine Achtung. Ihr seid unvergessen!

Ich habe mir vorgenommen, für all die mir nahen Menschen, die schon gegangen sind, einen Baum zu pflanzen. Seine in den Himmel wachsenden Äste stellen symbolisch eine Verbindung zwischen Himmel und Erde dar und ermöglichen mir es, an einem schönen Ort zu gedenken und zu zeigen, dass sie nicht vergessen sind. Bäume sind für mich der Inbegriff des Lebendigen.

Macht so oft wie möglich die Dinge, die Euch gut tun, die Euch die Kraft erhalten. Seid kreativ tätig, geht viel in die Natur, denn das stärkt Eurer Herz und Eure Seele. Und nehmt Euer inneres Kind so oft wie möglich in den Arm.

Ich möchte Euch ausdrücklich meine Anerkennung und meinen Respekt aussprechen für Euren Mut, für Euer Durchhaltevermögen, für Eure Kraft. Ihr habt einem menschenverachtenden System Gegenwind gegeben und dafür gebührt Euch Dank. Ich verbeuge mich demütig.

Ihr seid wertvolle Menschen und kein Regime dieser Welt kann Euch Euren Wert absprechen.

Kapitel 9

Persönliche Gedanken und Worte an die Ausführenden des DDR-Regimes

„Täter" zu analysieren und deren Verhalten nachvollziehen zu wollen, würde wohl ein eigenes Buch füllen. Ich möchte in diesem Kapitel umreißen, welche Gedanken mir zu den Ausführenden während der Entstehung dieses Buches und im Nachdenken über das Leben meiner leiblichen Familie und meines gekommen sind. Und ich möchte am Ende dieses Kapitels ein paar persönliche Worte an die Ausführenden richten, die mir auf dem Herzen liegen.

Auch die „Täter" setze ich in Anführungsstriche und gebe ihnen die Bezeichnung Ausführende des DDR-Regimes, da viele Täter gleichzeitig auch Opfer des Regimes waren. So wurden Menschen, die von ihrem Charakter her niemals einem anderen schaden würden oder ihn verraten würden zu „Tätern", da ihnen z.B. mit Kindesentzug gedroht wurde. Welche Mutter würde da nicht zum Spion werden, um ihr Kind zu schützen?! Doch letztendlich haben wohl auch sie anderen geschadet, was man nicht kaschieren kann.

Ich denke, es ist wichtig, dass man bei den „Tätern" sehr differenziert und unterscheidet. Jede Täter-Geschichte ist auch eine individuelle Geschichte und ich gehe davon aus, dass auch oft genug eine Tragik dahintersteckt. Dies soll jetzt keine Entschuldigung für das Handeln und Agieren der „Täter" sein. Das, was sie anderen Menschen angetan haben, ist unmenschlich und zerstörerisch und hat eine immens große Auswirkung auf das Leben der Belasteten. Mir geht es darum, die Geschehnisse auch von einer anderen Perspektive zu betrachten, um ein ganzes vollständigeres Bild zu bekommen.

Ich sehe hier mehrere Kategorien an „Tätern". So glaube ich, dass es eine große Zahl gibt, die wie beschrieben, durch Erpressung und Bedrohung unfreiwillig zu „Tätern" wurden. Nicht jeder Mensch ist zum Helden und Märtyrer geboren und geeignet und hat die Kraft, sich mit aller Konsequenz gegen das System zu stellen.

Solch ein totalitäres Regime – kurz vorher geschehen im NS-Regime – entwickelt leider eine starke Eigendynamik, dem sich die Menschen nur bedingt entziehen können. Ich glaube, man rutscht da zum Teil auch hinein und weiß nicht mehr, wie man dem wieder entfliehen kann. Angst, Bedrohung, Schrecken, Gewalt herrschen vor und halten die Menschen in ihrem Bann.

Dies entbindet jedoch die einzelnen Menschen nicht von ihrer ganz persönlichen (Eigen-)Verantwortung. Ich glaube, dass man bis zu einem bestimmten Punkt, Entscheidungen so oder so treffen kann. Doch hier möchte ich mir kein Urteil erlauben. Ich war und bin auch Geschädigte des DDR-Systems, doch war nicht in einer Lage wie meine leiblichen Eltern oder andere Betroffene, die ganz hart und ganz konkret mit der Gewalt und den Repressalien des Systems und der Stasi konfrontiert waren und Entscheidungen treffen mussten unter unglaublich starkem Druck. So auch „Täter", die erpresst und bedroht wurden.

Eine zweite Gruppe der Ausführenden sind für mich diejenigen, die tatsächlich an den Sozialismus geglaubt haben und nach dem zweiten Weltkrieg mit bestem Wissen und Gewissen an einer neuen ganz anderen Gesellschaftsordnung arbeiten und sie aufbauen wollten. Dies an sich ist ja nicht verwerflich. Doch was im realen Sozialismus dann tatsächlich aus den guten Vorsätzen geworden ist, wissen wir heute. Tatsache ist, dass auf die NS-Diktatur die zweite Diktatur in Deutschland* – das DDR-Regime – entstanden ist und 40 Jahre lang gewährt hat. Die ursprüngliche Idee eines Neuanfangs nach dem zweiten Weltkrieg ist völlig verloren gegangen.

Die dritte Kategorie der Ausführenden sind für mich die Menschen, die in Jobs, Tätigkeiten ihren Lebensunterhalt verdienten, wo sie sich der Kontrolle und Einflussnahme des Regimes kaum entziehen konnten. Zum Beispiel unterstanden Gefängniswärter in den Zuchthäusern der DDR zum Teil einer auch vorhandenen Stasi-Abteilung, die kontrollierte, ob die Wärter mit den „Staatsfeinden" auch hart genug umgingen bzw. konnten nicht beeinflussen oder verhindern, was den Menschen angetan wurde. Aber auch hier spielte die Eigenverantwortung eines jeden Einzelnen eine Rolle.

Ich denke, dass der Grundsatz „Fressen und gefressen werden" ein starker Motor im System war. Ich habe den Eindruck, je höher die Position im DDR-Regime war, desto mehr wirkte der Druck, selbst unbarmherzig agieren zu müssen, um nicht selbst auf der schwarzen Liste zu landen und zum Belasteten zu werden. Soll keine Entschuldigung für das Tun der Verantwortlichen sein.

Es gibt drei weitere Gruppen von Ausführenden, die meine Wut im Bauch aufwallen lassen und für deren Verhalten ich nur schwer Verständnis aufbringen kann.

(*Zitat aus Buch: „Freigekauft" Der DDR-Menschenhandel von Kai Diekmann)

Zum einen sind dies Menschen aus dem Alltag, die andere verpfiffen und angeschwärzt haben, um materielle Vorteile zu erhalten oder Karriere machen zu können (z.B. Ermöglichung Studienplatz) oder um sich zu profilieren und wichtig zu sein. Diese Beweggründe für einen Verrat an den Mitmenschen sind für mich völlig unakzeptabel und „untere Schublade".

Die nächste Gruppe sind die ganz Obersten wie Honecker, Mielke etc. Welche guten nachvollziehbaren Gründe sollten sie gehabt haben, das Volk so zu behandeln?? Es heißt nicht umsonst „der Fisch stinkt vom Kopf". Leider haben es Honecker, Mielke und Co. geschafft, sich in der DDR als Führungsriege zu etablieren und haben mit ihren Ansichten, Entscheidungen und Handlungsweisen ein Klima von Gewalt, Angst, Bedrohung, Unterdrückung, Menschenverachtung geschaffen, was einem ganzen Volk geschadet hat. Ich möchte an der Stelle aber auch bemerken, dass diese Personen allein kein solches System auf Dauer aufrechterhalten konnten, wenn es nicht an der Basis Helfer und Helfershelfer gegeben hätte. Ich gehe davon aus, dass auch persönliche Charakterzüge der Damen und Herren der obersten Riege und der Drang, sich eigene Vorteile zu verschaffen mit dafür gesorgt haben dürften, dass ein solch furchtbares Klima entstehen konnte.

Ich sehe hier auch einen Zusammenhang und Einfluss der Erfahrungen aus der NS-Zeit, den Auswirkungen des zweiten Weltkrieges auf die Menschen und die Tatsache, dass die sowjetische Besatzungszone einem Land zugeordnet war, das selbst einen Diktator hatte – Stalin. Ein Stalin war nicht daran interessiert, in dem eroberten deutschen Gebiet eine Demokratie aufzubauen und entsprechend denkenden Politikern die Macht zu überlassen. Dies sind nach meinem Empfinden weitere eine Diktatur begünstigende Faktoren, die auch eine Rolle gespielt haben.

Ob den Obrigen in irgendeinem Moment bewusst war, was sie da getan hatten in der DDR und was sie den Menschen angetan hatten?!?

Die letzte Kategorie der Ausführenden sind diejenigen, für die ich am wenigsten Verständnis aufbringen kann. Es sind all die Stasi-Schergen der oberen Ränge aber auch diejenigen an der Basis, die mit ganz viel Feuereifer dabei waren, Menschen zu unterdrücken, zu quälen und ihnen Gewalt anzutun. Sicherlich gibt es hier auch welche, die durch Erpressung etc. zu manchen Handlungen genötigt wurden. Doch wie konnte es sein, dass so viele Stasi-Angehörige in der ganzen Republik mit solch einer Unbarmherzigkeit, Rücksichtslosigkeit, Brutalität, Gewissenlosigkeit anderen

Menschen so viel Schaden zufügen konnten?? Wie konnte es sein, dass sie dazu in der Lage waren, über jedwede Anstands- und Verhaltensregeln hinweg zu gehen?? Ich glaube, ein Satz geistert nicht nur mir im Kopf herum: Was sind das für Menschen?? Sind das überhaupt noch Menschen??

Was ich nachvollziehen kann, ist, dass ein Mensch immer weiter Gewalt ausüben und sogar töten kann, wenn er diese Grenze einmal überschritten hat.

Für mich ist dies auch Ausdruck von einer Art Machtrausch – Macht über andere ausüben und deren Geschicke lenken zu können. Manche fühlen sich nur groß und bedeutend, wenn sie andere klein machen und sogar vernichten können. Was müssen derartige Täter (und hier sind es für mich mehr Täter als selbst Opfer) erlebt haben, dass sie zu solch einem Handeln fähig waren?? Ich denke, dass ein ungesunder Narzissmus hier auch eine Rolle spielt.

Ich glaube, eines der schlimmsten Dinge, die einem Menschen widerfahren können, ist es, seine Menschlichkeit zu verlieren. Und was diesen Aspekt angeht, empfinde ich sogar Mitgefühl mit den Genannten, die mit jeder Tat ihrer eigenen Seele und Integrität als Mensch geschadet haben. Manche Schuld kann man sich wohl nicht eingestehen, weil sie zu groß und übermächtig ist und das eigene Leben zerstören würde, wenn man sich ihrer bewusst würde.

****

Ich möchte zum Ausklingen dieses Kapitels gerne etwas Versöhnliches schreiben, denn mein Wunsch ist es, dass die Verletzungen, die in dem DDR-System entstanden sind, nun endlich heilen können.

Daher nun meine direkten Worte an die Ausführenden:

Wenn Ihr die Möglichkeit habt, zur Aufklärung beizutragen, Biografielücken zu schließen, Angehörige wiederzufinden, dann tut dies bitte. Blockiert die Informationen nicht, wo sie fließen dürfen. Dies ist ein wichtiger Beitrag zur Aufarbeitung dessen, was geschehen ist.

Das Wirksamste, was man tun kann, ist, sich bei den Menschen, die man belastet hat zu entschuldigen. Doch ich weiß, dass dieser Schritt der schwerste ist. Diejenigen, die es versuchen, haben Respekt verdient, denn es erfordert Kraft und Mut, diesen Schritt zu gehen.

Es geht hierbei nicht nur um das Seelenheil der Belasteten, sondern noch viel mehr um Euer Seelenheil. Mit welcher Lebensbilanz wollt Ihr eines Tages diesen Planeten verlassen?

Alternativ hilft es auch, Initiativen und Vereine finanziell zu unterstützen, die durch ihr wertvolles Engagement dazu beitragen, die DDR-Zeit und ihre Auswirkungen auf die Menschen aufzuarbeiten (siehe Anhang).

Diejenigen, die immer noch mit aller Gewalt eine Aufdeckung von Vorgängen verhindern wollen, bitte hört endlich damit auf! Es ist genug Unrecht geschehen! Hört damit auf, vor allem für Euch selbst. Denn was Ihr anderen antut, tut Ihr Euch und Eurer Seele an.

Ihr habt es in der Hand, positiv Einfluss zu nehmen und euren wertvollen Beitrag zu leisten, um die Waagschalen von Ungerechtigkeit und Gerechtigkeit wieder mehr ins Lot zu bringen. Jeder kleine Beitrag, jede kleine Bemühung hilft – den Belasteten und Euch selbst.

Nachwort

Heute am 20.06.2020, einen Tag vor dem Geburtstag meines Vaters am 21.06. - auch Tag der Sommersonnenwende des längsten Tages im Jahr - habe ich es geschafft, sein kurzes und doch ereignisreiches Leben aufzuschreiben. Dieses Jahr wäre Vater Bernd 76 Jahre alt geworden. Und auch wenn er nicht mehr als Mensch aus Fleisch und Blut unter uns weilt, bekommt er in diesem außergewöhnlichen Jahr ein außergewöhnliches Geschenk von mir – sein Leben auf Papier.

Es war körperlich und emotional sehr anstrengend für mich, all das, was geschehen ist in seinem Leben, in dem Leben meiner Geschwister, in meinem Leben zu ordnen und aufzuschreiben. Besonders anstrengend war es, all die Dokumente und Informationen – diese auf einem Haufen liegenden Puzzleteile - zu sichten und zu einem kompletten Bild zusammenzusetzen. Doch ich habe es geschafft und bin mächtig stolz darauf.

Ich habe viel geweint und meine Schultern schmerzen von der emotionalen Last. In manchen Nächten habe ich kaum geschlafen, weil ich die Bilder zum Geschriebenen vor mir gesehen habe und mitgefühlt und mitgelitten habe. Doch der Drang, dieses Buch zu schreiben und damit meinem Vater und meinen Brüdern, die bereits gegangen sind, wieder eine „Stimme" und ein Gesicht und eine Existenz zu geben, meiner Schwester und all den Betroffenen da draußen eine Stimme zu geben, hat mich beflügelt, weiter zu machen und es zu Ende zu bringen.

Ich hoffe und wünsche mir sehr, dass ich auch den Lebenden damit ein Geschenk gemacht habe.

Apropos Wünsche:

Als Abschluss des Buches möchte ich gerne ein paar Wünsche formulieren und sie ins Leben schicken.

- Ich wünsche mir, dass die Behörden (Adoptivvermittlungstellen, Jugendämter, Standesämter etc.) alles in Ihrer Macht stehende tun, um Anfragen von betroffenen Menschen, die auf der Suche sind, zu beantworten und zu klären und dass sie großzügig mit ihrer Hilfe sind. Diese Auskünfte sind emotional existentiell für die Anfragenden und oft der einzige Weg, etwas zu erfahren und Lücken in der Biografie zu schließen. Ein Mensch kann nur stark sein und seine Fähigkeiten voll entfalten, wenn er seine Wurzeln kennt.

- Vom Gesetzgeber wünsche ich mir, dass es bald möglich sein wird, dass man rechtlich Zwangsadoptionen etc. aufheben kann, wenn die Betroffenen dies wünschen ohne Festlegung einer Antragsfrist. Auch dieser Schritt ist entscheidend als Wiedergutmachung eines geschehenen Unrechts und die Wiederherstellung der Verbindung der Betroffenen zu ihren Herkunftsfamilien und für die Heilung der tiefen emotionalen Wunden.

Die Menschen der ehemaligen DDR sind seit 1990 Bundesbürger und Teil dieser Gesellschaft. Durch die Übernahme der ehemaligen DDR-Gebiete und ihrer Menschen hat sich die Bundesrepublik verpflichtet, auch für diese Menschen zu sorgen und sie in die Gesellschaft zu integrieren. Ein sehr großer Anteil der Menschen aus den neuen Bundesländern hat nachhaltig Schaden genommen durch das Agieren des DDR-Regimes. Und trotzdem leisten diese belasteten Menschen einen wertvollen Beitrag zur bundesdeutschen Gesellschaft. Wie viel mehr könnten sie einbringen, wenn sie die Möglichkeit haben, ihre schmerzhafte Vergangenheit zu recherchieren, zu ordnen, aufzuarbeiten und zu verarbeiten? Von der Stärke dieser Menschen würde die bundesdeutsche Gesellschaft immens profitieren. Daher ist es wichtig, dass die Betroffenen noch viel mehr gehört, ernst genommen und unterstützt werden – auch von staatlicher Seite.

- Ich wünsche mir, dass noch mehr Betroffene den Mut und die Kraft finden, ihre Geschichte zu erzählen. Es ist wichtig, was sie denken, fühlen und zu berichten haben. Worte haben Macht und können viel positiv verändern.

Ich wünsche allen Betroffenen Kraft, Durchhaltevermögen, Mut, Ideenreichtum, Kreativität, um ihre Vergangenheit zu bewältigen und trotz allem die Fensterläden weit zu öffnen, um die Fülle und das Schöne des Lebens erkennen, daran teilhaben und es genießen zu können.

Und nicht zuletzt möchte ich eine persönliche Widmung eines ebenfalls Betroffenen Dieter Drewitz, der seine Geschichte aufgeschrieben hat (siehe Anhang), hier einfügen. Ich könnte es nicht besser und authentischer formulieren:

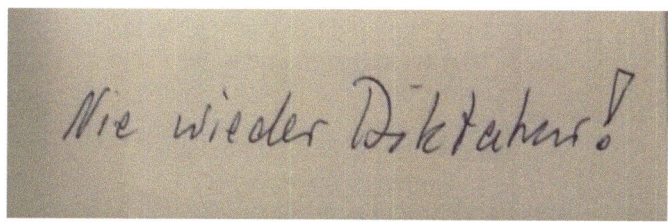

In diesem Sinne!

Herzlichst

Ihre/Eure Diana Bayer

Freiheit

Frei entscheiden, was ich will
Frei bewegen, wohin ich will
Frei sprechen, was ich denke
und zu wem ich sprechen will

Frei im Kopf mit einem Weltbild
wie es für mich passt
Frei entwickeln aus mir heraus
Ich weiß genau, wer und was ich bin

Nur ein freier Mensch kann sich entfalten
Kann aufblühen und der Welt Gutes tun
Kann Wunder schaffen und kreativ sein
Und aus dem Leben Freude zieh'n

Drum kämpft für eure Freiheit
Und lasst niemals zu
Dass engstirnige kurzsichtige Menschen
Euch jemals wieder eure Freiheit nehmen

Anhang

Buchempfehlungen / Hilfreiche Webseiten

Lesenswerte Bücher zum Thema:

Dieter Drewitz „Kennwort Alpenveilchen – Zwischen Stasiknast und Kaltem Krieg Erinnerungen eines Unbequemen" zba.Buch ISBN: 9783981197785

Jürgen Gottschalk „Druckstellen – Die Zerstörung einer Dresdner Künstler-Biographie durch die Stasi" Evangelische Verlagsanstalt Leipzig ISBN: 9783374054985

Katrin Behr / Peter Hartl „Entrissen – Der Tag, als die DDR mir meine Mutter nahm" Droemer Verlag ISBN: 9783426275665

Wolfgang Welsch „Ich war Staatsfeind Nr. 1 – Als Fluchthelfer auf der Todesliste der Stasi" Piper Verlag ISBN: 9783492261678

Cornelia Holzbrecher / Ulrike Reichenbach „Zwillinge…geboren….getrennt….gefunden - eine unglaubliche deutsch-deutsche Zwillingsgeschichte" HePeLo-Verlag ISBN: 9783981125443

Heidrun Budde „Verstorbene Babys in der DDR? Fragen ohne Antworten" Tradition ISBN: 9783347022102

Andrea Welzer „Ungewollt kinderlos – eine wahre Geschichte" BoD Books on Demand GmbH ISBN: 9783842342088

Kai Diekmann „Freigekauft – Der DDR-Menschenhandel Fakten, Bilder, Schicksale" Piper Verlag ISBN: 9783492055567

Und noch viele viele gute Bücher mehr

Hilfreiche Webseiten:

www.mauerfall-berlin.de/ddr-1949-1990/zwangsadoptionen-in-der-ddr und andere Themen

www.Suchpool-zwangsadoption.com   inklusive Checkliste mit praktischen Tipps zur Suche und Formular zur Suche einer Person

(Forts. Hilfreiche Webseiten)

www.uokg.de	Union der Opferverbände kommunistischer Gewaltherrschaft e.V.
www.OVZ-ddr.de	Hilfe für die Opfer von Zwangsadoptionen
www.personen-suche-ddr.de	Kostenlose Inserate zwecks Suche von vermissten Menschen aus der DDR und praktische Suchhilfen, z.B.

https://www.personen-suche-ddr.de/allgemeines/behoerdenwege-suche-nach-unterlagen-von-verstorbenen-ddr-saeuglingen/

www.zwangsadoptierte-kinder.de	mit Suchformular
www.iggkddr.de	Interessengemeinschaft Gestohlene Kinder
www.bstu.de	Beantragung Einsichtnahme/Kopien Stasi-Unterlagen
www.youtube.de	Viele interessante Videos und bewegende Schicksale unter dem Suchbegriff Zwangsadoption ddr und andere Begriffe
individuell	Webseiten der Städte und Gemeinden zwecks Kontaktierung Adoptionsstellen, Jugendämter, Standesämter etc.